mpr

Bodo Ulrich

PARTEIEN

wozu eigentlich ?

Anregungen

zum Mitdenken

Originalausgabe
17. Oktober 1999
© Ulrich * Grünert * Rohlfing
Media Print Verlag, Leipzig
Herstellung : Libri Books on Demand
ISBN 3-8311-0197-3

BEMERKUNGEN ZUR VORGESCHICHTE

Lieber Mitbewohner unserer Erde

FRIEDEN ist sicherlich das meistgebrauchte Schlagwort unserer Zeit. Was aber Frieden letztendlich bedeutet, wie sich dieser Zustand umschreiben läßt, darauf eine Antwort zu geben, ist gar nicht so einfach, wie es scheint, denn »Frieden« ist ein ziemlich dehnbarer Begriff.

In der Vergangenheit beispielsweise wurde Frieden lediglich »als die Abwesenheit von Krieg« definiert, wobei damit »mörderische Schlachten« gemeint sind. Wir müssen aber unterscheiden zwischen dem »Äußeren Frieden« von Staaten und Völkern untereinander, und dem »Inneren Frieden« bezogen auf das Zusammenleben von Individuen und Gruppen innerhalb eines Staates[8], und schon spielen einige »kriegsähnliche« Zustände und Ereignisse mit, wie »Kalter Krieg, Wirtschaftskrieg, Sozialkampf, Parteikampf« und nicht zu vergessen die heutige Gestalt des »Religionskrieges«, die alle als gefährliche Machenschaften ebenfalls friedlich zu beenden sind, soll endlich «Frieden« herrschen und nicht die weitverbreitete Herrschsucht auch weiterhin den »Sieg« erringen und die «Mächtigen« allein bestimmen, was mit der Menschheit zu geschehen hat.

Falls Du die Meinung nicht gerade weniger Menschen teilen solltest, die da glauben »Aggression und Kampfeslust sei ein tiefverwurzelter heroischer Trieb und Kriege nicht von unserem Globus hinwegzuwischen«, so mag das für die geisteskranke Spezies »Soldaten aus innerem Antrieb« zutreffen, die »jeden« auch noch so irrsinnigen Befehl der »Machthaber«, völlig egal, wen sie wo zu töten haben, ohne Widerspruch befolgen, aber glücklicherweise überwiegt die Meinung der vernunftbegabten »Kriegsgegner«, die es absolut nicht als heroisch empfinden, Menschen abzuschlachten, vielmehr ist der »Wunsch nach Frieden« als ein sehr alter Traum weit verbreitet und der Friedensgedanke und etliche Friedensideen sind mit der Geschichte der Menschheit und deren Völker untrennbar verbunden[9]. Erinnern wir uns daran, daß bereits im Altertum und im Mittelalter zahlreiche Konzeptionen und Methoden zur Zähmung oder Verhütung von Kriegen vorgelegt worden sind, wie von Augustinus im Jahre 354-450 oder von Dante Aligheri in der Zeit von 1265-1321. Im 17. Jahrhundert, als an die Stelle des mittelalterlichen Reiches allmählich das Europa der Nationalstaaten trat, strebten Philosophen und Theologen im Zusammenhang mit dem Friedensgedanken nach neuen Überlegungen zur Verwirklichung eines »Europäischen Friedensbundes«. Pläne für eine »Internationale Ordnung« wurden ausgearbeitet, in der »Frieden als ein Dauerzustand« erreicht werden sollte, und

WIR
DIE WIR SIND - WIE WIR SIND
die Menschen auf dem Planeten Erde
zitieren Immanuel Kant,
der im Jahre 1795 klar und unmißverständlich verlangte[12]:

**„ Es soll kein für sich bestehender Staat
von einem andern Staate
durch Erbung, Tausch, Kauf oder Schenkung
erworben werden können ".**

und

**„ Stehende Heere
sollen mit der Zeit ganz aufhören ".**

und weiter

**„ Die bürgerliche Verfassung in jedem Staat
soll republikanisch sein ".**

sowie

**„ Das Völkerrecht soll auf einen
Föderalismus freier Staaten gegründet sein ".**

und meinte

**„ Dieser Friedensbund,
dem sich im Laufe der Zeit
alle Staaten der Erde anschließen würden,
dürfe kein neuer Machtfaktor werden,
sondern lediglich der Hüter der
internationalen Ordnung des Weltfriedens sein ".**

der Herzog von Sully, französischer Minister unter Heinrich IV, legte im Jahre 1640 seinen großen Plan »Grand Dessin« vor, in dem er als erster eine »Konzeption für die Gestaltung einer europäischen Einigung in Form einer Föderation christlicher Staaten« entwickelte.

Auch andere Schriften, etwa von Emeric Crucé von 1623 und von Abbé de Saint-Pierre, die er zwischen den Jahren 1711 und 1716 veröffentlichte, hatten ebenfalls eines gemeinsam : »Es waren durchweg konkrete Vorschläge zur Aufrechterhaltung beziehungsweise Herstellung des Friedens in Europa, aber auch über die Grenzen des europäischen Kontinents hinaus«[10].

Im Jahre 1693 erschien in England eine Schrift von William Penn mit dem Titel »An Essay towards the Present and Future Peace of Europe by the Establishment of an European Diet, Parliament, or Estates« - Ein Entwurf zum gegenwärtigen und zukünftigen Frieden von Europa durch Schaffung eines europäischen Reichstags, Parlaments oder von Reichsständen - als eine festumrissene Konzeption für eine »Europäische Friedensordnung«. Eine »Society of Nations« - eine Gesellschaft der Nationen - sollte in Form eines gemeinsamen europäischen Staatenkongresses geschaffen werden, dem als »Souveräne Versammlung« mit bereits parlamentarischem Charakter alle zwischenstaatlichen Streitfragen zur Entscheidung vorzutragen seien.

William Penn gab in seinem Werk schon damals genaue Anweisungen für die Zusammensetzung des europäischen Reichstages, für die Sitzverteilung und Sitzordnung, für den Abstimmungsmodus und für die Geschäftsordnung[11]. Auch dieser Entwurf, dessen einziger Verhaltenskodex Recht und Gerechtigkeit sein sollte, ist zwar nie verwirklicht worden, aber er zeigte bereits die Richtung für spätere Initiativen.

Das deutsche Wort »Völkerbund« ist zum ersten Mal in den Publikationen von Gottfried Wilhelm Leibnitz 1646-1716, von Immanuel Kant 1724-1804, und von Johann Gottlieb Fichte 1762-1814 zu finden und im Jahre 1795 veröffentlichte Kant seinen philosophischen Entwurf »Zum ewigen Frieden«, in dem er zwecks Sicherung des Friedens die Errichtung eines Bundes gleichberechtigter Staaten forderte. Angesichts der Wirklichkeit in der damaligen Epoche, nahm er allerdings den Krieg als Gegebenheit hin und gedachte, nur behutsam vorgehend, die Dinge allmählich zum Besseren zu wandeln[11].

Immanuel Kant propagierte somit eine Föderation von Staaten, einen losen Völkerbund, »der aber gleichwohl kein Völkerstaat sein müßte«, wie er ausdrücklich betonte. Nicht in einem utopischen Weltstaat sah er die Lösung für einen wirklichen und dauerhaften Frieden, sondern in einem Bund der Staaten, als deren Regierungsform er die republikanische als die einzige das Volk repräsentierende voraussetzte.

Leider auch noch heute ein »frommer Wunsch«, lieber Kant, denn es sind wie eh und je eben gerade die »Mächtigen«, die nahezu »Alles« gründen und in die Welt setzen, so auch »Friedensbündnisse«, die nach Kant kein »neuer Machtfaktor werden dürfen«, aber einer sind. Wir wissen doch längst, daß die »Übermächtigen« im derzeitigen UNO-Friedenspalast letztendlich das Sagen haben und, bedauerlicherweise nicht zu übersehen, noch immer maßgeblich mitentscheiden, wo Krieg sein darf und wo besser nicht. Die »Interessenlage« bestimmt, was wo zu geschehen hat, siehe beispielsweise Tibet, Kaschmir, Timor, Kurdistan, Neu-Guinea und viele andere Horrorszenarios mehr.

In der darauffolgenden Zeit waren dann zwar in vielen Staaten Friedensgesellschaften und Anti-Kriegs-Demonstrationen aktiv, aber das Schwergewicht verlagerte sich, eben den »Interessenlagen« folgend[13],

**vom ethischen Motiv einer Friedensgestaltung
auf den nützlichen Zweck des Friedens.**

»Wenigstens ein hoffnungsvolle Anfang«, wirst Du ausrufen, daß es das Verdienst der »Genfer Konvention« von 1864 und der »Haager Konvention« von 1899 und 1907 gewesen ist, den Krieg zumindest verbal in seine Grenzen zu weisen, ihn zu »humanisieren«, wenn auch die gefaßten Beschlüsse im Grunde zu unverbindlich waren, als daß sie eine Garantie für die Beachtung durch alle Beteiligten geben konnten.

**Nach wie vor verhinderte die Sucht nach Macht
die Realisierung fortschrittlicher Ideen
zum Wohle der Menschheit.**

Erst nach der Wende zum 20. Jahrhundert schien die Welt reif für die Schaffung einer permanenten Weltfriedensorganisation. Erinnern wir uns an den Völkerbund, die »League of Nations«, der am 10. Januar 1920 mit Sitz in Genf seine Arbeit begann und am 18. April 1946 aufgelöst wurde, und vermerken :

Der VÖLKERBUND
als Organisation souveräner Nationalstaaten sollte und konnte ohne eigene Sanktionsmittel keine Weltregierung sein, er war lediglich ein Instrument der Mitgliedstaaten, die es im Laufe der Zeit in immer stärkerem Maße vorzogen, ihre politischen Ziele außerhalb des Bundes mit Gewalt durchzusetzen.

Der VÖLKERBUND
konnte den Grundsatz der kollektiven Sicherheit nicht in die Wirklichkeit umsetzen und scheiterte letztendlich nicht an seiner Struktur, sondern am nationalstaatlichen Egoismus seiner Mitglieder.

WIR
DIE WIR SIND - WIE WIR SIND
die Menschen auf dem Planeten Erde
nehmen zur Kenntnis,
was Jan C. Smuts anläßlich der Gründungskonferenz der UNO
vorgetragen hat[15] :

**„Der VÖLKERBUND
war eine große und edle Leistung
und ging weit über das hinaus,
was vorher getan oder auch nur versucht worden war,
er war ein erster und großer Fortschritt.**

**Er war in allen seinen Bemühungen
um die Lösung humanitärer Aufgaben
bemerkenswert erfolgreich
und Vieles, was er auf dem
fruchtbaren Felde des Dienstes am Menschen leistete,
ist von bleibendem Wert .**

**Der VÖLKERBUND
versagte nur in einer Hinsicht vollkommen,
und zwar bei seiner wichtigsten Aufgabe :**

**Er hat den Krieg nicht verhindert,
er verhinderte nicht die unrechtmäßige Aggression“.**

Der VÖLKERBUND
war zwar der erste, bahnbrechende Versuch, die internationale Zusammenarbeit weltweit zu institutionalisieren, ein im wesentlichen mißlungenes Experiment, wie wir heute wissen, hat aber dennoch seinen verdienten Platz in der Geschichte[14].

Wenden wir uns nun der UNO zu, den »Vereinten Nationen«, der »United Nations Organization«, deren Charta am 24. Oktober 1945 in Kraft trat und die noch heute im Grundsatz gültig ist. Natürlich würden wir die Superinstitution lieber die Weltorganisation der Vereinten »Völker« und nicht die der »Nationen« nennen, weil gefährlicher »Nationalismus« ganz nah dabei sehr verdächtig in uneren Ohren klingt. Aber leider wird nun mal in der englischen Sprache für unseren Begriff »Volk« das Wort »Nation« verwendet, obwohl Volk auch mit »People« übersetzt werden kann, was aber wohl nicht so gut klingt. Um mißliebige Verwechslungen zu vermeiden, werden wir jedenfalls in unseren Texten sehr genau zwischen Volk und Nation unterscheiden.

Vorab einige grundsätzliche Vermerke zum Thema UNO[15]:

* In der Gründungsphase der Vereinten Nationen als »einer allgemeinen internationalen Organisation zur Aufrechterhaltung des Weltfriedens und der internationalen Sicherheit«, wurde den Großmächten - USA, Sowjetunion, Großbritannien und China - eine herausragende Rolle für die Friedenswahrung zugewiesen.

* 51 Staaten der Vereinten Nationen, die als »ursprüngliche Mitglieder« bezeichnet werden, billigten am 25. Juni 1945 die Charta der UNO, die von 185 Staaten anerkannt und unterzeichnet worden ist.

* Die Charta der Vereinten Nationen ist ein zeitlich nicht begrenzter völkerrechtlicher Vertrag zwischen souveränen Staaten, der, im Gegensatz zur Satzung des Völkerbundes, nicht mit irgendwelchen Friedensverträgen verknüpft ist. Sie weist zwar manche Züge einer Verfassung der Staatengemeinschaft auf, ist aber dennoch keine Verfassung im engeren juristischen Sinne.

* Die Vereinten Nationen sind somit, obwohl sie als Völkerrechtssubjekt eine Rechtspersönlichkeit eigener Art besitzen, kein Weltstaat mit einer Weltregierung, sondern - wie schon der Völkerbund - ein politischer Zweckverband, ein Instrument souveräner Staaten.

* Die Gründer der Vereinten Nationen sahen bereits die Notwendigkeit voraus, im Laufe der Zeit die »Charta-Norm« neuen internationalen Entwicklungslinien und Gegebenheiten anzupassen. Für diesen Zweck wurde eigens der »Charta-Ausschuss« gebildet, der bisher jedoch wenig Erfolgsaussichten für grundlegende Satzungsänderung hat.

WIR
DIE WIR SIND - WIE WIR SIND
die Menschen auf dem Planeten Erde
stimmen dem zu,
worüber schon in der UNO-Gründungskonferenz zu San Francisco
prinzipielle Einigkeit herrschte,

**daß die Ursachen
möglicher Konflikte zu beseitigen sind.**

**Ohne die weltweite Lösung
der wirtschaftlichen und sozialen Probleme
in den einzelnen Staaten**

ist auch auf zwischenstaatlicher Ebene

**kein gerechter Frieden erreichbar,
der mehr beinhaltet als die Abwesenheit von Krieg
im Sinne der direkten Gewaltanwendung.**

* Dessen ungeachtet bestehen seit langem - insbesondere von den Staaten der Ditten Welt propagiert - Bestrebungen und Forderungen nach einer Gesamtüberprüfung der Satzung ebenso wie nach Änderung einzelner Bestimmungen, vor allem bezüglich der Zusammensetzung und der Kompetenzen des Sicherheitsrates.

Obwohl in der Rangfolge der Zielsetzung der UNO
an oberster Stelle die Wahrung des Friedens steht,
ist es bis heute nicht gelungen Kriege zu vermeiden[15].

Wir, die wir nicht mehr und nicht weniger sind als »Menschen auf dem Planeten Erde«, denken als »Weltbürger« lediglich darüber nach was geschehen sollte, um globale Gerechtigkeit zu verwirklichen. Wir schreiben auf, was viele Menschen denken und was »Denker« schon immer wußten, um den sogenannten »Normalbürger« zum Mitdenken anzuregen.

In dem vorliegenden Essay beschäftigt uns nur das Thema
»Parteien und Regierungen«
mit dem Ziel, die Menschen davon zu überzeugen,
daß es sinnvoll wäre, einen

»RAT FÜR GLOBALE REGIERUNGEN«
als Organ der
»VEREINTEN VÖLKER«
zu organisieren.

Wir jedenfalls streben an, daß zukünftig nur noch möglichst
»vernunftbegabte Räte das Sagen haben«
und nicht mehr machtgierige Potentaten.

WIR
DIE WIR SIND - WIE WIR SIND
die Menschen auf dem Planeten Erde
hören tagtäglich :

» **Es war immer so - es wird immer so sein** «
» **Die Menschheit wird sich nicht ändern** «

Wir stellen dagegen fest :
» **Es war NICHT immer so** «
» **Es wird NICHT immer so sein** «
» **Die Menschheit wird sich ändern müssen** «
denn
» **Die Welt hat sich total verändert** «
» **Die Welt verändert sich immer schneller** «

Wir leben im Zeitalter
der Bevölkerungsexplosion * der Rassenfeindlichkeit
der Mediendiktatur * ethischer Werteverluste
zerstörerischer Ideologien * nationalistischen Wahnsinns
technischer Revolution * der Weltraumeuphorie
atomarer Gefahren * militaristischer Zeitbomben
der Umweltvernichtung * bedrohlicher Klimaveränderung
ökonomischer Hegemonie * der Gier nach Profit
grenzenloser Kommunikation * trostloser Arbeitslosigkeit
der Unmenschlichkeit * katastrophaler Hungersnöte
*** u.s.w. - u.s.w. ***

Wir leben im Zeitalter der

TOTALEN GLOBALISIERUNG

mit allen seinen Vor- und Nachteilen und
» **Das war NICHT immer so - das ist völlig NEU** «

Wie sind die selbstherrlichen Schöpfer unserer

TECHNISCH-ZIVILISATORISCHEN KUNSTWELT

Wir leben im Zeitalter des

WIRTSCHAFTS-KOLONIALISMUS

GEDANKEN DAVOR

Lieber Mitbewohner unserer Erde

Es gilt das schier unlösbare Problem in der Demokratie dennoch zu lösen, daß einerseits der vielfältig manipulierte »Wille des Volkes« in Wahrheit kein Maßstab zur Lösung anstehender, zumeist äußerst unpopulärer Angelegenheiten sein kann, und daß andererseits die Regierungen Entscheidungen »zum Wohle der Zukunft ihres Volkes« zu fällen haben, nur dazu und zu keinem anderen Zweck.

Das eine Dilemma offenbart sich tagtäglich in der bedrückenden Erkenntnis, daß leider das Denkvermögen der allermeisten Menschen nicht dazu ausreicht »vernünftige« Gedanken zu produzieren und auch danach zu handeln. Zugegeben, über das, was von Fall zu Fall vernüftig ist, oder auch nicht, läßt sich streiten. Aber nicht zu bestreiten ist die Tatsache, daß die Funktionen zumindest in den Gehirnen der »Masse Mensch« fast stets von irgendwelchen »Ideologien« massiv beeinflußt werden, von politischen und religiösen Dogmen, die sich in den Köpfen festgefressen haben.

Das Dogma ist nichts anderes
als ein ausdrückliches Verbot zu denken !

Mit dieser Feststellung des deutschen Philosophen **Ludwig Feuerbach**[4] aus dem Jahre 1834, soll unser erstes Kapitel zum Thema »Parteien« und die vom »Wahlsieger« gebildeten »Regierungen« eröffnet werden, und passend dazu fügen wir gleich noch einen Spruch von **Lukrez**[1] hinzu, den der römische Autor des Lehrgedichtes »Über die Natur«, bereits im ersten Jahrhundert vor Christus publizierte :

Toren lieben am meisten und bewundern nur das,
was unter verschrobenen Worten sie zu entdecken meinen :
für wahr gilt ihnen,
was irgend schön um die Ohren klingt ,
geschminkt mit lieblichem Wortschwall !

Diese Aussage weist auf das zweite verdammte Problem hin, daß die Politiker jeder Coleur den so bedauerlich vielen *„Toren"* genau das predigen *„was irgend schön um die Ohren klingt"* und diese Berieselten nicht merken, daß sie ständig manipuliert und belogen werden. Hauptsache sie glauben, ihre »favorisierten Ideologen« halten ihre »Ideale« hoch, und alles geschähe »zum Wohle der Zukunft ihres Volkes«, worunter die Mehrheit, allen voran das Heer der unverbesserlichen Egoisten, aller

dings nur ihr »eigenes Wohl« und weit weniger das der Allgemeinheit verstehen.

Wie Du eingestehen wirst, lieber Wahlberechtigter, fällst Du Deine politische Entscheidung nicht ohne ideologische Beeinflussung von links, mitte, rechts, liberal, konservativ, reaktionär, nationalistisch usw. Du wirfst Deine Stimme in eine »Urne«, also in einen Behälter, der ja üblicherweise als der Aufbewahrungsort für die Asche Verstorbener benutzt wird, und nicht viel anders könnte ebenso Dein Wahlzettel für immer und ewig als Leiche in der Wahlurne schlummern, denn zweifellos darfst Du nur dabei mitwirken lediglich eine Partei auf das Podium der Macht zu befördern, letztendlich bestimmen die Wahlsieger, was geschieht und keinesfalls Du. Schon gleich nach der Wahl hast Du absolut »Nichts« mehr zu sagen.

Es kommt also darauf an, welche »Ideologie« den Sieg gegebenenfalls mit Deiner Hilfe erringt. Wir jedenfalls werden uns als Wähler sehr anstrengen müssen, um dort Machenschaften zu beenden, wo ideologischer Wahnsinn noch immer regiert, und um zu verhindern, daß erneut die ganze Welt in Chaos stürzt und möglicherweise sogar daran verendet.

Die Urheber des geistigen Systems,
aus dem der Faschismus sich entwickelt hat,
tragen alle gewisse gemeinsame Merkmale.
Sie suchen das Gute im Willen,
statt im Fühlen und Erkennen;
sie werten die Macht höher als das Glück;
sie geben der Gewalt vor dem Argument den Vorzug;
dem Krieg vor dem Frieden,
der Aristokratie vor der Demokratie,
der Propaganda vor der wissenschaftlichen Objektivität.
Sie vertreten eine spartanische Form von Härte
im Gegensatz zur christlichen Form;
das heißt, sie sehen in der Härte ein Mittel,
die Herrschaft über andere zu gewinnen,
nicht eine Selbstzucht, um Tugend zu erreichen,
und das Glück verweisen sie ins Jenseits !

Das schrieb um das Jahr 1945 kein Geringerer als **Bertrand Russel**[3], Earl of Bedford, Englischer Philosoph, Mathematiker, Erzähler, Kriegsdienstverweigerer 1914 und Nobelpreisträger 1950.

Leider, lieber Mitwähler, ist das so eine Sache mit den Ideologien, ohne die Menschen anscheinend nicht mit sich selbst klarkommen, sie brauchen offensichtlich etwas »Höheres«, dem sie bedingungslos ihren »Glauben« zuwenden können. Das Bedenkliche bei dem »Mitmachen-

Wollen« ist daran zu erkennen, daß die meisten Mitglieder einer Ideolo-
gie-Gefolgschaft gar nicht wissen, was für Ziele sie eingentlich unterstützen, sie handeln tatsächlich »verhaltensbiologisch«, sie suchen im
Endeffekt nur »Sicherheit und Geborgenheit«, die ihnen die »Herde« bietet, und damit natürlich auch Vorteile für sich selbst. Wenn voran die
»Fahne« flattert und dahinter die vielen eigenen Freunde und Bekannten vereint mitmarschieren, dann kann ja nichts falsch sein nach der
Devise : du mußt nur den »Führern« vertrauen, die wissen ja wo's lang-
gehen soll, und die natürlich nur das Wohl für »Alle« im Auge und im
Sinn haben, wie sie behaupten und endlos in die Köpfe der »Leichtgläu-
bigen« einhämmern.

Die zukünftigen Auswirkungen ideologisierter Macht-Handlungen zu
begreifen, übersteigt eh den Horizont der meisten Mitmacher, einzig die
Ideologie und die Sprüche der »wackeren Vorkämpfer« halten sie treu
im Glauben gefangen. Und wenn dann trotz der Versprechungen alles
schief läuft und die doch so »schönen Ideen« nicht nur im Mülleimer der
Geschichte verschwinden, sondern das Machtgebilde einen gewaltigen
Scherbenhaufen hinterläßt, dann will niemand davon gewußt haben, was
so alles im Namen der Ideologie eben von den »Führern« getrieben worden ist, oder richtiger ausgedrückt, was erst durch die bedingungslose
»Hilfe« der betäubten und fanatisiert den Führern folgenden »Brüdern
und Schwestern« ungestört zu betreiben möglich werden konnte.

Daß Fahnen, Uniformen, Abzeichen, Symbole, Musik, Dekoration,
Zeremonien die wirksamsten Mittel sind, um Menschen nicht nur für
Schützenvereine und Fußballclubs zu begeistern, sondern um selbst ganze Völker zum »Mitmachen« in einer »Vereinigung« zu verlocken, zu mo-
tivieren und schließlich zu fanatisieren, hat spätesten der »Hitlerkult«
im »Dritten Reich« unübersehbar und nicht zu bestreiten offenbart. Ohne
die »Narkosemittel der Propaganda« wäre es dem geisteskranken Tyrannen wohl kaum gelungen, solche Massen von Volksgenossen hinter einer »einzigen Person« als williges »Herdenvieh« zu versammeln. Ohne
»heilig gesprochene« Fahnen und Hymnen als »geweihte« Utensilien
scheint es geradezu unmöglich zu sein, Menschen zur Mitwirkung in einer Gemeinschaft zu bewegen. »Unsere Fahne flattert uns voran«, wie
schön, da kann ja nichts schief gehen, »Führer befiel, wir folgen dir«, du
bist der »Allwissende«, der »Unfehlbare«, was kann uns da schon pas-
sieren ! Unglaublich aber wahr, und der Beweis dafür, daß »verhaltens-
biologische Signale« und das »biologische Prinzip des Leitbullen« auch
das Tier Mensch voll und ganz beherrschen, genauso wie auch viele andere »Lebewesen« des Zoologischen Stammbaumes.

Nun wirst Du zu bedenken geben, verehrter Mitbürger voller Hoffnung, daß auch »gute Ideologien« geboren werden, was wäre wohl sonst
die Welt ohne brauchbare Ideen ? »Gute Ideen« ja, denn nur die Gedan-
ken-Künste kluger und ideenreicher Mitbewohner unserer Erde haben

ja schließlich die Menschheit von jagenden Höhlenbewohnern zu Weltreisenden im Jumbojet gebracht, uns aber auch die Atombombe beschert und spätestens da fängt es an über Klugheit nachzudenken »als sei sie stets zum Wohle der Erdbevölkerung tätig«.

Wir halten hier an dieser Stelle fest, daß bekanntlich jede Art Ideologie von klugen Menschen »erfunden« wird und müssen leider ebenso registrieren, daß die dazu notwendige Denkweise nicht gerade selten sogleich schlaue Hintergedanken zur Weltbeherrschung mit einschließt. Wir haben selbst erlebt, und erleben noch immer, daß solche Ideenbollwerke allzuleicht zu allgemeingefährlichem Fanatismus führen und dann, wie schon so oft geschehen, nur Unheil anrichten statt Heil zu verbreiten. Dann allerdings sagen wir nein zu dieser Art von »Ideen« und zitieren in diesem Zusammenhang **Winston S. Churchill**[3], englischer Staatsmann, Maler, Schriftsteller, Premierminister, Mitbegründer der UNO, NATO, EU, Nobelpreis 1953, der im Jahre 1925 verkündete :

Ohne merklich tugendhafter geworden zu sein
oder sich einer klügeren Führung zu erfreuen,
hat die Menschheit zum erstenmal
die Werkzeuge in die Hand bekommen,
mit denen sie unfehlbar
ihre eigene Vernichtung zuwege bringen kann.
Zu diesem Ziel im Menschengeschick
haben sie all die Herrlichkeiten
und Mühen der Menschen geführt.
Sie würde gut daran tun, stillzuhalten und über
ihre neue Verantwortung nachzudenken.
Der Tod steht in Achtungstellung da,
gehorsam, erwartungsvoll, bereit zu dienen,
bereit, die Völker en masse hinwegzufegen,
bereit, wenn er dazu aufgerufen wird,
was von der Zivilisation noch übrig geblieben ist,
ohne Hoffnung auf Wiedergutmachung zu pulverisieren.
Er wartet nur auf das Befehlswort !

Zu keinem Zeitpunkt dürfen wir leichtsinnigerweise übersehen, daß bis zum heutigen Tage religiöse, politische und ökonomische Ideologien das Weltgeschehen prägen und beherrschen. Ächten wir also »verbrecherische Ideologien« und verhindern *„das Befehlswort"*, das die *„eigene Vernichtung zuwege bringen kann"*, denken wir nach über die *„neue Verantwortung"*.

Jetzt und hier, verehrter Mitdenker und Mitstreiter für eine wohlregierte Zukunft, kommt es erst einmal darauf an klarzustellen, daß eine »Welt-Strategie der Vernunft« zu ihrer, wenigstens teilweisen, Verwirklichung der Einsicht und Mitwirkung »aller Weltbürger« bedarf. Dazu

Du
DER DU BIST - WIE DU BIST
ein Mensch auf dem Planeten Erde

ganz gleich,

wer Du bist und was Du bist,
ob Du an Gott glaubst oder auch nicht,
ob Du viel weißt, etwas, sehr wenig oder zu wenig,
ob Du etwas kannst, Arbeit hast oder auch nicht,
ob Du sehr viel besitzt, viel, etwas, sehr wenig oder nichts,
ob Du Familie hast, Freunde, Gemeinschaft oder auch nicht,
ob Du Dich häuslich geborgen fühlst oder auch nicht,
ob Du Dich als gesichert betrachtest oder auch nicht,
ob Du jung bist oder alt,
ob Du glücklich bist oder traurig,

Du willst leben wie ein Mensch, der Du bist
und
Du wirst sterben wie alle Lebewesen auf Erden, das Du bist.

Du
DER DU BIST - WIE DU BIST
ein Mensch auf dem Planeten Erde

ganz gleich,
wann und wo Du geboren worden bist,
ganz gleich,
welcher ethnischen Volksgruppe Du Dich zugehörig fühlst,
welcher kulturellen Tradition Du Dich verbunden empfindest
welcher Religionsgemeinschaft Du Gefolgschaft leistest,
welcher politischen Partei Du Deine Stimme gewährst,
oder auch nicht,

Du willst zusammen mit Deinesgleichen
in Deinem angestammten Land auf Erden
in Freiheit und Frieden leben dürfen
und nicht
von diktatorischen Machthabern
und von Menschen anderer Völker unterdrückt werden
und Deine Identität verschweigen müssen.

Du bist
> WELTBÜRGER <

scheint uns nur eine »globale Bewegung« geeignet, die wir in unserer »Ideensammlung« als das

WORLD CITIZEN MOVEMENT

bezeichnen, und das natürlich in der großen Hoffnung und mit ein wenig Zuversicht, daß sich das »Movement« auch tatkräftig bewegen wird.

Lieber Mitbewohner unserer Erde, wir haben gelernt und eingesehen, daß die in guter Absicht errichtete »Charta der Vereinten Nationen« nicht mehr die heutige Situation in der Welt verbessern kann und nicht mehr den Bedürfnissen der Menschen entspricht und deshalb zur Befriedung der Welt dringend zu erneuern ist. Dazu präsentieren wir, das »World Citizen Movement«, nachfolgend einige »neue« Ideen, haben aber dabei selbstverständlich nicht übersehen, daß viele unserer Gedankengänge schon »uralt« sind, was die Zitate beweisen, die wir immer wieder in unseren Text einfügen. Diese »Sprüche« von denkbegabten Menschen aus allen Winkeln auf unserem Planeten, zeigen uns nicht nur, daß die meisten Probleme der Menschheit ebenso »uralt« sind, sondern vor allem, daß es zu keinem Zeitpunkt des Weltgeschehens gelungen ist, als brauchbar festgestellte Problem-Lösungen dauerhaft zu verwirklichen, allen klaren Erkenntnissen der Problem-Ursachen zum Trotz. Sie zeigen uns auch, daß wir mit unseren provokanten Überlegungen keinesfalls allein dastehen, ganz im Gegenteil, wir befinden uns in allerbester Gesellschaft.

Im Gegensatz zu früheren Zeiten, haben jedoch die heutigen Gefahren für uns Erdbewohner ein so gewaltiges »globales« Ausmaß erreicht, daß es an der Zeit ist, eine »globale« Überlebens-Strategie energisch weiter zu entwickeln.

Machen wir uns bitte in diesem Zusammenhang die äußerst interessante Tatsache bewußt, daß tatsächlich das gesamte Drama der Menschheit anhand erstaunlich weniger »Drehbücher« inszeniert worden ist, und das bis zu dieser Erdenstunde. Letztendlich bewegten im großen Stil, und bewegen noch, nur die zu Papier gebrachten »Ideologien« die nunmehr sechs Milliarden »Mitwirkenden« auf der Weltbühne des Unverstandes, vor allem die Religionen, mit denen übermenschliche Propheten vor langer Zeit die Welt beglückten. Ein Blick ringsum genügt jedoch zu der so sehr bedauerlichen Festellung, daß nahezu überall die »Gläubigen« schwerbewaffnet gegeneinanderstehen, anstatt die Doktrin zur Friedensbewahrung zu befolgen, die alle Gebetsbücher predigen.

Wie Du weist, Weltbürger mit Wahl-Stimme, wird tagtäglich viel geredet und gleich wieder vergessen, was gesagt worden ist, und wer kennt wohl nicht den Spruch »..das Wort im Mund herumdrehen..«. Wenn das »wirklich« Gesagte nicht auf Papier dokumentiert vorliegt und damit das »Herumdrehen« bloßlegen kann, dann wird dieser vielangewandte

unmoralische Trick nicht gerade selten ziemlich gefährlich wirksam. Die
Wahrheit verfälschen, das ist leider gängige Praxis. Was demnach blei-
bend seine Wirkung nicht verliert, sind nur die schriftlich fixierten und
somit unmißverständlichen Dokumente, die »Bibeln jeder Art«, eindeu-
tig festgelegte Verfassungen, nachlesbare Statuten und Gesetze, genau
so, wie die derzeitige »Charta der Vereinten Nationen«.

Wenn wir also gemeinsam voranschreiten wollen, dann heißt das, unsere Vorschläge auf »Papier« zu dokumentieren, zur Beratung vorzule-
gen und dafür zu sorgen, daß eine »Verbesserte Charta der Vereinten
Völker« als die »Verhaltens-Bibel« für die gesamte Menschheit entsteht.

In den nachfolgenden Passagen wird die Rede davon sein, daß wir
herkömmliche »Parteien« nicht für geeignet halten, die Probleme der
Menschheit auch nur annähernd zu lösen.

Was also, bittesehr sind Wir ?
das
WORLD CITIZEN MOVEMENT

WIR
sind keine Partei, kein Verein, keine Firma,

WIR
sind von Natur aus
die einzige Mitglieder-Institution
die seit jeher die Erde bevölkert,

WIR
sind ganz einfach die Menschen auf dem Planeten Erde,

WIR
sind Weltbürger
WIR ALLE,
genau so, wie DU einer bist.

WIR
denken lediglich darüber nach was geschehen sollte,
weil WIR überleben wollen.

-- * --

Kapitel I
WIR UND DIE IDEOLOGIEN
die das Weltgeschehen bewegen

Lieber Mitbewohner unserer Erde

Dir brauchen wir sicherlich nicht die Augen zu öffnen, um zu erkennen, daß Ideologien stets »Anspruch auf Macht« erheben. Ideologien sind ganzheitliche »Wertesysteme«, die den Willen und das Handeln von zumeist sehr großen Gruppen von Menschen dogmatisch bestimmen, und nicht Gleichgesinnte ausschließen, diskriminieren oder gar gewaltsam bekämpfen. Verlieren Ideologien an Wirkung und Gefolgschaft, verursachen fehlende »Wert-Maßstäbe« zur Identifikation oftmals Orientierungslosigkeit der politischen »Genossen« oder der religiösen »Schäfchen« mit gefährlichen Folgen für die jeweiligen Gesellschaften.

Du weist ganz bestimmt auch, daß Ideologien auf dem Versprechen basieren, eine »bessere Welt« zu schaffen, das »Gute« zu vertreten mit dem Gegner als dem »Bösen«, und zur Verwirklichung der Ideen eigenständige Regeln, Gebote und Verbote zu verkünden mit dem Anspruch der Unfehlbarkeit, was jedoch nicht bei allen Menschen gleichermaßen Anerkennung findet und zwangsweise zur Gruppenbildung führt und mangels Toleranz ebenso fanatisierter Gegner nicht gerade selten brutale Kriege hervorruft.

Vielleicht läuft auch Dir, wie uns, ein eiskalter Schauer über den Rükken, wenn wir mitansehen müssen, wie ringsum mit Ideologien »Macht-Mißbrauch« betrieben wird, wie Größenwahn und Sendungsglaube der »Besseren als die Anderen« ideologisch geprägte nationalistische und rassistische Bewegungen bis in unsere Tage der längst stattfindenden Globalisierung formen, die Menschheit noch immer in Lager aufteilen und Gruppen unbelehrbar gegeneinanderhetzen, trotz damit letztendlich verbundener Selbstzerstörung.

In bestimmten Momenten des nationalen Lebens
tritt eine neue Erscheinung auf,
die als Nationalismus bezeichnet wird.
Sie hat die Funktion eines Krankheitsanzeigers.
Wie ein Körperorgan erst dann
zum Gegenstand der steten inneren Aufmerksamkeit wird,
wenn es erkrankt ist, so auch hier :
Nationalismus ist in seiner Wurzel
das Innewerden eines Mangels,
eines Gebrechens oder Siechtums !

WIR
DIE WIR SIND - WIE WIR SIND
die Menschen auf dem Planeten Erde
haben als Weltbürger erkannt und stellen zur Diskussion
daß ein

RAT FÜR GLOBALE REGIERUNGEN

folgende Aspekte beachten sollte :

Artikel I.1

IDEOLOGIEBESCHRÄNKUNG

**Ideologien,
die in der Absicht propagiert werden
durch psychische Beeinflussung von Menschen
gegen die Grundsätze der Charta der
VEREINTEN VÖLKER
Macht auszuüben,
sind als Gefährdung der Menschheit
anzuprangern
und durch Aufklärungsarbeit zu beseitigen.**

Artikel I.2

IDEOLOGIEMISSBRAUCH

**Regierungen,
die ihre Machtbefugnis
durch menschenfeindliche Ideologien erringen
und gefährliche Konflikte
gegen die Grundsätze der Charta hervorrufen,
ist ihre Legitimation als stimmberechtigte Mitglieder der
VEREINTEN VÖLKER
mit allen daraus resultierenden Folgen
abzuerkennen.**

Diese Feststellung aus dem Jahre 1921 von **Martin Buber**[3], dem aus Wien stammendem jüdischen Professors für Sozialphilosophie, der erst in Frankfurt, dann in Jerusalem lehrte, zerpflückt den Nationalismus als die schlimmste Ausgeburt ideologischen Größenwahns mit der *„Funktion eines Krankheitsanzeigers"*. Nationalisten sind die an *„einem Gebrechen oder Siechtum"* Leidenden, die Heimat mit Nation verwechseln.

Wir alle wissen, daß Machthaber der vielfältigsten Art Ideologien benutzen, um Menschenmassen zu manipulieren, irrezuführen, zu mobilisieren, und oftmals auch dazu, um Gewalttaten und Kriege zu provozieren, mit der Folge, daß sich Verführte, Verbohrte und Verblendete gegenseitig unter dem Deckmantel von irrationalen Glaubensmaximen mit vorgespiegelten Feindbildern, Tod, Leid und unermeßlichen Schaden zufügen, was vor allem keine »End-Siege«, sondern nur einen tödlichen »Kreislauf von Rachehandlungen ohne Ende« produziert.

Gerade jetzt müssen wir eine Art mittelalterlicher »Blutrache« erleben, die wir als längst ausgestorben erhofften. Das Beispiel Jugoslawien etwa führt uns den grauenvollen Kreislauf »wie du mir, so ich dir« knallhart vor. Gestern und vielleicht schon vor hundert Jahren ermordeten, aus welchen Gründen auch immer, Albaner >Serben, dann »Rache muß sein« Serben > Albaner, die sich natürlich ebenfalls wieder rächen mußten, also wieder töteten Albaner > Serben, in diesem Jahr brachten erneut Serben > Albaner brutal um und die sind nun wieder an der Reihe blutige »Rache zu üben« und möglichst viele Serben umzubringen und in's Jenseits zu schicken. Wann endlich, wenn überhaupt, wird das »Messerwetzen« ein Ende haben, muß man sich betroffen fragen. Erst dann, vielleicht, wenn endlich nicht mehr »Religions-Ideologien«, hier Moslems, dort Orthodoxe Christen unbelehrbar gegeneinanderstehen ? Überall in der Welt scheint religiöser Wahnsinn nicht ausrottbar zu sein. Soll das der »Sinn« von Religion sein, muß man die Propheten fragen, deren wichtigstes Gebot doch lautet »du sollst nicht töten«. Bezieht sich diese Grundregel etwa nur auf »Gleichgesinnte« der eigenen Sekte ?

Den Tieren als unsere verwandten zoologischen Kreaturen, sind »Ideologien« und »Rachegelüste« unbekannt und falls sie »Fleischfresser« sind, töten sie ihr Beute als Nahrungsmittel, so wie wir die Ochsen auf dem Schlachthof. Wir dagegen killen Mitglieder der eigenen Spezies als zur Jagd freigegebene Gejagte, nur weil sie anders »denken« als der jeweilige Jäger. Tun wir endlich was und nutzen unseren Verstand, der uns tatsächlich von Tieren unterscheidet.

-- * --

Kapitel II
WIR UND DIE DIKTATUREN
die noch immer Macht ausüben

Lieber Mitbewohner unserer Erde

Du wirst Dich wahrscheinlich genauso wundern wie wir, daß es noch immer machtbesessenen Diktatoren, Regierungen und Parteien gelingt, Völker mit Gewalt zu beherrschen.

Der Tyrann ist
das abscheulichste und häßlichste,
Göttern und Menschen verhaßteste Lebewesen,
das man sich ausdenken kann.
In seinem äußeren Erscheinungsbild
stellt er zwar einen Menschen dar,
aber sein Wesen ist so unmenschlich,
daß es selbst die wilden Tiere
in den Schatten stellt !

Cicero[1], der römische Staatsmann, Philosoph und Humanist, verfaßte diesen markanten Text im Jahre 54 vor Christus. Auch er, wie so viele andere »Vordenker«, wurde durch heimtückischen Mord beseitigt.

Ein Tyrann, der *„selbst die wilden Tiere in den Schatten stellt"*, wie sich Cicero ausdrückte, ist wahrlich nicht mehr als Mensch zu erkennen, und sie gibt es trotzdem noch, diese wahnwitzigen Monster. Wieso eigentlich, müssen wir uns verärgert fragen, dürfen noch immer Diktatoren ungestraft Menschen manipulieren und zu folgsamen Massen-Schlächtern umprogrammieren, die daraufhin vertrauensvoll auch äußerst zweifelhafter Propaganda glauben und widerspruchslos selbst total irrsinnigen Befehlen Folge leisten.

Noch immer akzeptieren Menschen von Diktatoren, Regierungen und Parteien propagierte »Feindbilder« ungeprüft als wahrhaftig und leisten sehr oft in großer Zahl auch dann den Parolen Gehorsam, wenn Aggressionen und Kriege die Folge sind und sie unter Gemeinschaftswahn nicht erkennen oder verblendet, ja sogar selbstmörderisch, einkalkulieren, daß jedwelche Kampfhandlungen letztendlich auch Selbstzerstörung verursachen. Noch immer vermögen Diktatoren, Regierungen und Parteien ihren Machtanspruch durch die Verbreitung von Lügen ungestraft zu legitimieren und zu festigen. Und die »Welt-Gemeinschaft« sieht tatenlos zu.

Diejenige Regierung wird die gewaltsamste sein,
wo einem jeden die Freiheit,
zu sagen und zu lehren, was er denkt, verweigert wird.

Dieser Spruch aus dem Jahre 1677 stammt von **Baruch de Spinoza**[3], dessen Hauptwerk »Ethik« erst nach seinem Tode erschienen ist. Er lebte vom Schleifen optischer Gläser, war von portugiesisch-jüdischer Herkunft und wurde als Pantheist, was Wunder, aus der Glaubensgemeinschaft ausgestoßen.

Ein Freidenker zu sein, *„zu sagen und zu lehren, was er denkt"*, war stets nicht ungefährlich, denn Diktaturen jeder Art sichern sich ja schließlich ihre Machtposition auch dadurch, daß sie jedwelche Opposition gewaltsam unterdrücken, ausschalten oder völlig eliminieren. Welch unglaubliches Paradoxon, die einen, die Diktatoren, lügen ungestraft auf Teufel komm raus, die anderen werden gehängt, nur weil sie die Wahrheit sagen.

Alle Menschen, in welchen Gegenden der Erde sie auch wohnen,
haben ein und dieselbe Natur,
die gleiche Ausstattung an Sinnen und Denkwürdigkeiten,
an Willen und Trieben, an Werkfähigkeit,
gleiche Dinge und Erscheinungsformen der Dinge,
gleiche Taten und Leiden,
einen gleichen Gott.
Unterwerfen und befehlen, der Ordnung halber,
ist allen eingefleischte Gewohnheit.
Bei allem diesen wünschen alle eins, nämlich das Beste.
In der Tat,
die Irrtümer insgesamt würden alle anekeln,
wenn wir allen genügend klar
alle Wahrheiten zu zeigen wüßten.
Eine falsche Religion würde Ekel erregen,
wenn wir die wahre zu zeigen wüßten.
Die Tyrannei und jede Gewalt würde anwidern,
wenn wir allen
den wahren Geschmack wahrer Freiheit geben könnten.
Es bleibt also nur übrig, daß wir alle auch wissen,
was wir wollen und können.

Diese Zeilen hat zu Amsterdam im Jahre 1666 **Johann Amos Comenius**[3] zu Papier gebracht, der ein einflußreicher, aus Mähren stammender Theologe und Pädagoge gewesen ist, und der sich als Bischof der Böhmischen Brüder um die Aussöhnung der Kirchen bemühte.

Wenn wir *„alle Wahrheiten zu zeigen wüßten"*, wenn wir aufdecken würden, was alles wirklich mit uns geschieht, das wahrlich *„würde Ekel*

erregen". Wie wahr, was Comenius predigte und in seinen Schlußworten *„was wir wollen und können"* ist die Aufforderung enthalten, sich der eigenen Kräfte bewußt zu werden und *„Tyrannei und jede Gewalt"*, die uns *„anwidern"*, bloßzustellen und endlich dagegen auf die Barrikaden zu steigen.

Wir fügen hinzu, das sollte möglich sein, denn Diktaturen können unbeschränkte Macht nur dann ausüben, wenn bei der Durchsetzung des Systems Führer, Gruppen und auch ganze Volksteile mitwirken, die entweder ideologisch unbelehrbar infiltriert sind oder die für sich selbst Vorteile skrupellos ausnutzen. Diese »Mit-Aggitatoren« umzustimmen, ihnen unmißverständlich klar zu machen, daß wir, die »absolute Mehrheit« der Weltbevölkerung »ein Wörtchen mitzureden haben«, das sollte notfalls die Unverbesserlichen zur »Vernunft« zwingen.

> *Die Gerechtigkeit ist ohnmächtig ohne die Macht ;*
> *die Macht ist tyrannisch ohne die Gerechtigkeit.*
> *Man muß also*
> *die Gerechtigkeit und die Macht vereinigen*
> *und dazu muß man bewirken,*
> *daß das mächtig sei, was gerecht ist,*
> *oder daß gerecht sei, was mächtig ist.*

Wir danken **Blaise Pascal**[3] für diesen deutlichen Hinweis, den der französische Mathematiker, Physiker und Denker im Jahre 1670 veröffentlichte. Er kämpfte gegen die Jesuiten und lebte asketisch, wir kämpfen gegen Diktaturen und leben in der Hoffnung, daß unsere »Vision« *„daß das mächtig sei, was gerecht ist"* den Willen unserer »Mitkämpfer« vom »World Citizen Movement« stärken wird.

Im Jahre 1934 publizierte **George Bernhard Shaw**[3], der berühmte irische Dramatiker und Sozialreformer, anfangs Kommunist und Atheist, einen kurzen Satz, der uns doch sehr bedenklich stimmt, eben weil er stimmt :

> *Revolutionen haben noch niemals*
> *das Joch der Tyrannei abgeschüttelt,*
> *sie haben es bloß auf eine andere Schulter gewälzt !*

Die Liste der »Falschspieler« ist erschreckend lang und jeder einzelne »Fall« bezeugt, daß es immer wieder einzelne stimmgewaltige »Vorkämpfer« gewesen sind, welche die jeweilige im Volke schwelende »Protest-Situation« heimlich dazu ausnutzten, ganz persönliche »Machtkämpfe« auszutragen. Wir alle wissen doch längst, daß die »Masse« eines unter einem Tyrannen leidenden Volkes mit schlagkräftigen »Parolen« für »Revolution« zu begeistern ist. Und kaum ist es gelungen, ein „Joch« abzuschütteln, wird der so erfolgreiche »Revolutions-Idealist« zur Gallionsfigur »hochgejubelt«, nun hat er die Macht und nicht gerade sel-

WIR
DIE WIR SIND - WIE WIR SIND
die Menschen auf dem Planeten Erde
haben als Weltbürger erkannt und stellen zur Diskussion
daß ein

RAT FÜR GLOBALE REGIERUNGEN

folgende Aspekte beachten sollte :

Artikel II.1

DIKTATOREN ANKLAGEN

**Jede Art von Diktatur
handelt gegen die Grundsätze der Charta der
VEREINTEN VÖLKER
und ist von der Weltgemeinschaft
anzuklagen und abzusetzen
wenn es nicht gelingt in Zusammenarbeit
mit dem
RAT FÜR GLOBALE SICHERHEIT
demokratische Verhältnisse zu etablieren.**

Artikel II.2

IMMUNITÄT ABSCHAFFEN

**Die bestehenden Gesetze der
Immunität für Politiker und für Mitglieder von Regierungen
schützen menschenfeindliche Diktatoren
vor Anklage und strafrechtlicher Verfolgung
und sind deshalb ersatzlos abzuschaffen.**

ten ist sehr bald von »Idealismus« zum »Wohle des Volkes« keine Rede
mehr, nun ist der neue Diktator vor allem darum bemüht, daß es ihm
nicht genauso widerfährt, wie er es selbst mit seinem gestürzten Vor-
gänger getrieben hat. Beispiele, die Shaws Behauptung beweisen, sind
nahezu überall in unserer tyrannisierten Welt zu finden, ohne dabei lange suchen zu müssen.

Du wirst verärgert ausrufen *Es sollte eigentlich möglich sein menschenfeindliche Diktatoren einfach abzusetzen und vor ein Welt-Gericht zu stellen«*.
So einfach ist das leider nicht, wie die aktuellen Fälle weltweit zeigen,
weil nun mal ausgerechnet die großen Bonzen »Immunität« genießen und
weil in die »inneren Angelegenheiten« eines souveränen Staates nicht
eingegriffen werden darf. Bekanntlich ist medizinisch gesehen dann je-
mand als »immun« gegen eine bestimmte Krankheit geschützt, wenn sein
Körper entsprechende Abwehrkräfte mobilisieren kann, eine »staatstra-
gende Persönlichkeit« dagegen, soll paradoxerweise gerade dann »immun« sein, wenn eine tödliche Krankheit Köper und Geist befallen hat
und eigene Abwehrkräfte eben nicht wirksam sind. Dann schützt »Immunität« den Kranken vor notwendigen Eingriffen und nicht vor den
Bazillen, die sein Gehirn bereits zerstört haben.

Das darf doch wohl nicht wahr sein, daß es den Machern der Gesetze
weltweit gelungen ist, für sich selbst die Paragraphen der politischen
»Immunität« widerspruchslos festzuzurren. Und doch sagen wir die
Wahrheit, nichts als die Wahrheit, so wahr uns Gott helfe. Nur wird uns
Gott nicht helfen diese Ungerechtigkeit zu beseitigen, vielmehr muß unsere Parole lauten »Hilf dir selbst, dann hilft dir Gott« , und vielleicht
und hoffentlich werden dann unsere Artikel für die Charta Wirkung zeigen.

-- * --

Kapitel III
WIR UND DAS VOLK
das leicht manipulierbar ist

Lieber Mitbewohner unserer Erde

Du und wir alle müssen leider einsehen, daß die Volksmasse nicht dazu geeignet ist, die Politik sachgerecht mitzuentscheiden, weil die Menschen als Individuen ohne Duplikat einen sehr unterschiedlichen Grad von Erziehung, Charakter, Denkvermögen und Intelligenz aufweisen.

Nichts ist unverständiger,
nichts übermütiger als die große Masse.
Unerträglich ist es,
dem Übermut eines ungezügelten Volkes
in die Hände zu fallen,
nachdem man eines Herren Übermut entgangen ist.
Wenn dieser etwas tut,
so tut er es doch mit Einsicht,
aber beim Volk ist gar keine Einsicht.
Es stürzt sich auf die Geschäfte mit aller Gewalt
wie ein reißender Bergstrom !

Herodot[1], griechischer Philosoph, Freund des Perikles und des Sophokles, ist der Autor dieser Zeilen aus dem 5. Jahrhundert vor Christus. Seine Worte *„beim Volk ist gar keine Einsicht"* sind natürlich im Hinblick auf das System der Demokratie niederschmetternd und warum das so ist, haben wir nun etwas genauer zu betrachten.

Alle Menschen sollen zwar gleichberechtigt in unserer Welt leben aber erschreckend viele handeln mangels Verantwortungsgefühl tagtäglich gegen die soziale Gemeinschaft und sie entscheiden vorwiegend nach egoistischem »Nur-ICH-Denken«, wobei sie Gleichberechtigung und Pflicht zur Solidarität nicht so recht auseinanderhalten können. Das ist sozusagen »zwischenmenschliches« Tagesgeschehen.

Wenn es aber in den demokratischen Systemen darum geht an Wahltagen »staatsbewegende« Entscheidungen zu treffen, dann allerdings hat das Geschehen eine weitaus höhere Dimension, da auch diejenigen mit dem Löwenanteil an Stimmen mehrheitlich mitbestimmen, die entsprechend ihrer ganz persönlichen geringen »Weisheit« gar nicht entscheidungsfähig sind und zumeist zu den großen Volksmassen zählen, die durch Partei-Propaganda manipuliert ihre Kreuze auf die Wahlzettel malen. Der Wille unbedarfter Massen trägt in diesem Schauspiel reiner

Schaumschlägerei zweifellos zu Fehlentwicklungen bei, die Unheil bewirken können, anstatt Probleme sachgerecht zu lösen.

Unser Thema »Volksmasse« hat naturgemäß viele Aspekte und im Zusammenhang mit unserem Kapitel »Globale Regierungen« sind hier nur die hervorzuheben, die bezüglich der »Regierbarkeit« von Staaten eine Rolle spielen.

Die öffentliche Meinung übt eine Rechtsprechung,
die ein ehrenhafter Mann
niemals vollkommen anerkennen,
aber auch nie ganz ablehnen sollte !

Dies ist ein Spruch von **Sébastien Roch Nicolas Chamfort**[3], den er im Jahre 1803 verfaßt hat. Er war Hauslehrer, Mitglied der Académie, Mitbegründer des Jakobinerklubs und auch er wurde als unbequemer »Denker« einfach »ausgeschaltet«, er starb im Kerker nach einem Selbstmordversuch.

Das Zitat macht das Problem *„öffentliche Meinung"* deutlich sichtbar, das zum Beispiel dann in Erscheinung tritt, wenn Demonstrationen auf der Straße stattfinden, wenn eine Gruppe lautstark irgendeine Forderung ausruft, denn diese Truppe, und sei sie noch so groß, vertritt keinesfalls die ganze »Masse der Volkes«. Selbst wenn zehntausend Mann schreien, dann heißt das noch lange nicht, daß sie eine »vernüftige« Angelegenheit zum Wohle der Gesamtheit vertreten, die von der Mehrheit der Gesamtbevölkerung mitgetragen wird. Aber auch der kleinste »Volksaufstand« ist eine Art »Manipulation«, doch diesmal anders herum, nicht die »Herrschenden« bearbeiten den Verstand der *„öffentliche Meinung",* sondern die Demonstranten hämmern Parolen auch in die Köpfe der unbeteiligten Mitbürger und sie drängen die »Machtinhaber« in die Zwickmühle, entweder *„niemals vollkommen anerkennen"* oder *„nie ganz ablehnen",* was aber für trickreiche Politiker kein ernstes Problem sein dürfte, die wissen ja stets einen vielfältig deutbaren Ausweg aus einer Misere zu finden.

Auch Du, der Du eventuell ein begeisterungsfähiger Protestler bist, solltest zugeben, daß in den meißten Fällen die Demonstranten durch ihre Lobbies, gleich welcher Art, nicht nur zur Teilnahme aufgerufen werden, sondern, wie in den Medien unverkennbar zu sehen ist, bereits vorgefertigte Agitationsmittel, Schilder, Transparente, Signets, Uniformen usw., erhalten und willig vorzeigen, um die Ansichten der Führung unreflektiert zu propagieren, wobei sicherlich die »Slogan-Spinner« einer hochbezahlten Werbeagentur die Vorarbeit durch »Uniformierung« der propagierten Inhalte mitgewirkt haben. Was hat das noch mit freier Meinungsbildung zu tun, muß man sich fragen, wenn Menschen wie dressierte Affen mit Schildern herumlaufen, auf Kommando Fähnchen

schwingen und im Chror kräftige Schlagworte ausposaunen, auch das ist Agitation, ist eine Art öffentlicher Gewalt, soll doch schließlich die gleichgeschaltete Meinung demonstrierender Gruppen fast stets nur zur Durchsetzung der Gruppenziele dienen, die nur selten im Interesse der Allgemeinheit auf Vernunft beruhen.

Der gelehrte Kirchenvater und streitbare Schriftsteller mit Namen **Hieronymus**[1], der in Bethlehem ein Mönch- und ein Nonnenkloster gründete, ist der Urheber des im Jahre 394 nach Christus verbreiteten Spruchs, dem nichts hinzuzufügen ist.

Ist es nicht unfair, fragen wir auch Dich, die sogenannte »schweigende Mehrheit« als desinteressiert und somit als gesellschaftsfeindlich zu beschimpfen, nur weil sie eben nicht indoktriniert auf die Straße geht, sondern es vorzieht sich aus jedwelchem Krawall rauszuhalten ? Die Einsichtigen vertreten eh die Meinung, daß die zumeist sehr vielschichtigen Probleme in Ruhe ohne Emotionen erfolgreicher zu bedenken, zu diskutieren und zu lösen sind.

So richtig schlimm wird dann die Gemeinschaft geschädigt, wenn von jeder Vernunft entfesselte Demontranten abgründigen Haß ausstrahlen und gewalttätige Handlungen vollziehen, weil etliche Teilnehmer nur deshalb mitmachen, weil »etwas los ist«, weil die Entfaltung von Randale die Abreagierung triebhafter Aggression verspricht, weil auch Vandalismus mit allen seinen gräßlichen Folgen durch Faktoren hervorgerufen wird, die im Bereich von Gruppenmanipulation und Massenhysterie zu finden sind.

Ein sehr wichtiger Aspekt von »Terror auf der Straße« darf keinesfalls übersehen werden, daß nämlich selbst dann, wenn nur hundert Aktivisten eine »Demo-Show« abziehen, die Reporter herbeieilen und die »Aktion« von den Medien massenwirksam »ausgeschlachtet« wird, mit der verhängnisvollen Wirkung, die Stimmung erst so richtig anzuheizen, was nicht unbedingt einer »guten Sache« zum Wohle der Gemeinschaft dienlich ist.

Natürlich können Demonstrationen auch notwendig, sinnvoll und gerechtfertigt sein, wenn der friedliche Protest im Interesse der gesamten Gesellschaft stattfindet, weil zuvor alle Bemühungen zur Kenntnisnahme eines gemeinsamen Anliegens bei den »Oberen« auf taube Ohren gestoßen sind. Allerdings ist immer schwieriger auseinanderzuhalten, ob

WIR
DIE WIR SIND - WIE WIR SIND
die Menschen auf dem Planeten Erde
haben als Weltbürger erkannt und stellen zur Diskussion
daß ein

RAT FÜR GLOBALE REGIERUNGEN

folgende Aspekte beachten sollte :

Artikel III.1

GRUPPENAGITATION

In der Erkenntnis,
daß Menschenmassen leicht manipulierbar sind
und oftmals gemeinsam irrational denken
und gemeingefährlich handeln,
sind Regeln zu erlassen,
die dazu geeignet sind
für die Gemeinschaft schädliche Gruppenagitationen
wirksam zu schlichten
oder notfalls zu unterbinden.

Artikel III.2

AGITATIONSBESCHRÄNKUNG

In der Erkenntnis,
daß manipulierte Menschenmassen
vernünftige Regierungshandlungen
durch medienwirksame Agitation
stark beeinflussen und gefährden können,
sind Regeln notwendig,
die Demonstrationen auf der Straße
ohne parlamentarische Mitwirkung
nicht zulassen und verhindern,
daß Regierungen selbst
Menschenmassen gegen jede Vernunft
mobilisieren können.

eine Demo zum Vorteil aller Bürger angebracht ist, oder aber lediglich egoistischen Gruppen-Interessen dienen soll, sehr zum Nachteil der Gesamtheit. Welche Lobby demonstriert schon nicht heutzutage, Aufmärsche sind schon zur Gewohnheit geworden mit wenig Aussicht auf verständnisvolles Gehör.

Uns ist also bewußt, daß Gruppen oder auch große Menschenmassen in hautnahen Situationen oftmals den Verstand verlieren und, gleich anderen »Herdenlebewesen«, von der Umgebung angesteckt werden und so handeln, wie es die vielen Anderen ringsum vormachen, selbst dann noch, wenn damit Aufwiegelei und brutale Aktionen verbunden sind. Es ist somit sicherlich angebracht, auch zu dieser Problematik Vorschläge für die »Charta« zu unterbreiten.

-- * --

Lieber Mitbewohner unserer Erde

Vielleicht bist auch Du politikverdrossen, wie so viele andere Weltbürger ebenfalls, aber bitte denke stets daran, daß es die Aufgabe der Politik ist, das Schicksal zum Wohle der Menschheit zu lenken und die somit natürlich auch Dein weiteres Wohlbefinden steuert. Als Wahlbürger sollte Dir nicht gleichgültig sein, wohin der Hase läuft.

Ja wohin eigentlich ? Denn unübersehbar ist festzustellen, daß sich Politik hauptsächlich mit tagesaktuellen Problemen beschäftigt und weit weniger in die Zukunft gerichetet handelt. Krisen jeder Art zu vermeiden, ist bekanntlich die Hauptaufgabe der politischen Führung und Krisen meistert man am besten, indem man ihnen zuvorkommt[5]. Längst sichtbaren Entwicklungen hin zu Krisen rechtzeitig entgegenzuwirken, scheint jedoch den verantwortlichen Zukunfts-Gestaltern nicht so recht zu gelingen obwohl heutzutage ein hochentwickeltes Datenerfassungssystem und ein weitgespanntes Kommunikationsnetz mit Experten in allen Bereichen einen schnellen Zugriff auf die erforderlichen Informationen als Entscheidungshilfen bietet. Krisenprävention ist ohne Frage das große Probblem der Politik, weil allein die gesellschaftliche Gegenwart überbetont in den Vordergrund gestellt und Zukunftsaspekte vernachlässigt werden, mit der verheerenden Folge, daß kurzsichtiges Handeln die Politik bestimmt und dadurch Krisen geradezu heraufbeschwört.

Es leben Menschen unter uns, die sich doch tatsächlich mit »Zukunft« beschäftigen, mit der Frage nämlich, wie es möglich gemacht werden kann, mittels Raumschiffen auf andere Planeten »auszuwandern« und das sind bei weitem keine Spinner, oh nein, das sind gutbezahlte »Experten« die für die Realisation ihres Traumes eine gewaltige Menge Geld ausgeben, Steuern wohlbemerkt. Wäre es nicht weitaus sinnvoller, erst einmal das Überleben auf unserem Planeten Erde zu sichern und nicht Jahr für Jahr etliche Millionen Menschen wie Ratten verhungern zu lassen ? Wäre es nicht eine wunderbare Aufgabe für »Experten« beispielsweise die Sahara wieder zu bewässern, die ja vor gar nicht allzulanger Zeit noch grün gewesen ist ?

Geschichte setzt sich durch Ideen fort ;
der immerwährende Kampf der Ideen
ist die Voraussetzung geschichtlichen Lebens,
geschichtlicher Existenz überhaupt !

So ist es, genau so, wie es der deutsche Dichter und Schriftsteller **Reinhold Schneider**[4] im Jahre 1941 ausdrückte, die *„Ideen"* formen die *„geschichtliche Existenz"*, und wir fügen hinzu, wo sind bitte die wirklich zukunftsgestaltenden Ideen, ja bittesehr, ihr Poliker, sagt uns endlich, wo sie sind. Ist es vielleicht doch so, wie wir zu Recht vermuten, daß unpopuläre Wahrheiten über tatsächlich schwer zu lösende Situationen zum Selbstschutz besser verschwiegen werden, um die Wiederwahl als Politiker nicht zu gefährden und daß deshalb brauchbare, aber eben unpopuläre Ideen garnicht erst die Tagesordnung belasten dürfen ?

Und schon wieder müssen wir die Medien in unser Gedankenspiel einbeziehen, weil diese durch ihre politische Berichterstattung die Meinung der Wähler intensiv beeinflussen und somit auch die Politiker zu unzweckmäßigem Handeln verleiten, denn die müssen ja im Eigeninteresse auf das Wahlvolk Rücksicht walten lassen und sei die Meinung der Masse erkanntermaßen auch noch so kurzsichtig und total egoistisch auf das Heute und nicht auf das Morgen ausgerichtet und somit unbrauchbar zur Zukunfts-Sicherung. Ungeschminkte Information der Öffentlichkeit, auch über unangenehme Zukunftsprobleme, wäre zwar notwendig, aber genau das, die »Wahrheit« über die verkorkste Situation zu verbreiten, würde zu noch mehr Unsicherheit der Bürger führen, denen die Einsicht zur Notwendigkeit bestimmter anliegender politischer Maßnahmen fehlt und denen die voraussichtlichen Auswirkungen eh ungeklärt verborgen bleiben. Also lassen wir das besser, meinen zumindest viele Politiker.

> *Politik ist Zucht.*
> *Ist die hohe Kunst, entschlossen und zäh,*
> *zugleich aber in Ehrfurcht vor der fremden Überzeugung*
> *für das Wohl aller zu arbeiten.*
> *Politik ist die Kunst*
> *alle lebendigen Kräfte zu sehen, die da sind,*
> *und sie zu verbinden !*

Diese Einsicht verkündete der aus Verona stammende Religionsphilosoph **Romano Guardini**[3] im Jahre 1930 in München. Politik soll *„entschlossen und zäh"* arbeiten und natürlich *„für das Wohl aller"*. Das glauben sie wohl auch selbst, die Herren Politiker, aber von *„entschlossen und zäh"* ist nicht allzuviel zu spüren, werden doch Krisen geradezu vorprogrammiert, anstatt sie zu vermeiden, weil, wie schon gesagt, der Prozeß der Entscheidung durch die Einzelkalküle von Wählern, Politikern und Medien behindert wird.

Von *„Politik ist die Kunst alle lebendigen Kräfte ... zu verbinden"*, wie Guardini forderte, kann jedenfalls leider nicht die Rede sein. Dazu passend zitieren wir sogleich noch den japanischen Staatsmann, Botschafter und Ministerpräsidenten **Shigeru Yoshida**[2], der im Jahre 1961 niederschrieb :

Eine demokratische Regierung mag ruhig
Kontroversen zwischen den verschiedenen Parteien kennen,
aber funktionieren kann sie nur dann,
wenn bei aller Rivalität sich die Parteien
über das letzte Ziel einig sind,
nämlich das Wohlergehen des Volkes,
und wenn die Angehörigen dieser Parteien die Freiheit haben,
miteinander zu verkehren, miteinander zu dinieren
und Freundschaften über die Parteigrenzen hinweg zu gründen !

Doch auch das bleibt solange ein frommer Wunsch, wie sich die Parteien eben nicht *„über das letzte Ziel einig sind"*, wie es *„bei aller Rivalität"* eben nicht gelingt *„Freundschaften über die Parteigrenzen hinweg zu gründen"*.

Vielmehr ist doch wohl der Verdacht berechtigt, daß es wichtiger ist als Partei die nächste Wahl zu gewinnen und damit Machtpositionen im Politgefüge zu sichern, wozu bekanntlich austauschbare, zumeist hohle politische Slogans dazu dienen sollen, die wählende Volksmasse zu überrumpeln, Wahrheit zum *„Wohlergehen des Volkes"* zu verkünden ist dabei völlig unangebracht, das treibt ja nur die Wähler in die Hände des »Gegners«. Leider, verehrter Ministerpräsident Yoshida, stößt ihr gutgemeinter Spruch auf taube Ohren, denn leider haben sich die meisten Politiker darauf spezialisiert die verhängnisvolle Situation ausnutzen, daß Parolen, die »das Wunder vom Himmel versprechen«, bei den Volksmassen gut ankommen und geglaubt werden, weil sie Hilfe suggerieren und mangels Sachverstand der »Normalbürger« auf ihren tatsächlich wirksamen Inhalt nicht nachprüfbar sind.

In Wahrheit tritt immer deutlicher zutage, daß die Politiker keine erfolgversprechenden Lösungen heutiger weltweiter äußerst schwerwiegender Probleme parat haben, weil sie selbst nicht wissen, was zu tun richtig ist oder auch nicht. Das ist die wahre verdammte Realität, die kein gutes Ende verspricht. Denken wir nur an »Bevölkerungs-Explosion«, katastrophale »Umwelt-Vernichtung«, unglaubliche »Hungers-Not«, gefährliche »Klima-Veränderung« und grenzenlosen »Wirtschafts-Kolonialismus«.

Es sieht vielmehr so aus, daß das »große Geld« längst die Politik beherrscht und sich bedenklich viele Politiker alle Mühe geben mitzuhelfen, die Welt in eine »Spielhölle« zu verwandeln, in der die »Spekulationsgelüste der Zocker« das Weltgeschehen bestimmen. »Shareholder-Value« ist das Schlagwort unserer Zeit und tatsächlich agieren nicht gerade wenige Politiker und sogenannte »Wirtschafts-Experten« mit diesem Elixier wie mit einer Art »Medizin« zur Problem-Bewältigung, die doch leicht durchschaubar in Wahrheit als ein absolut »tödliches Gift« die Weltgemeinschaft sterbenskrank macht.

WIR
DIE WIR SIND - WIE WIR SIND
die Menschen auf dem Planeten Erde
haben als Weltbürger erkannt und stellen zur Diskussion
daß ein

RAT FÜR GLOBALE REGIERUNGEN

folgende Aspekte beachten sollte :

Artikel IV.1

KRISENPRÄVENTION

**In der Erkenntnis,
daß es den politischen Systemen
vor allem aus wahltaktischen Gründen
zumeist nicht gelingt Krisen zu vermeiden,
ist die Politik-Organisation durch
die Einführung neuer Strukturen
grundlegend zu reformieren.**

Hinzu kommt zu allem Verdruß auch noch, daß Politiker zumeist dem Irrglauben verfallen sind, niemals zugeben zu dürfen, daß sich zu irren menschlich ist und daß neue Erkenntnisse sinnvoll und notwendig sind, sondern stets verkünden müßten, wir, die Politiker haben eben immer recht und längst alles durchschaut und gewußt. Man kann die hochtrabenden Sprüche abgeleierter Gebetsmühlen in den Statements und Talk-Shows nicht mehr hören *„ich bin da ganz sicher, daß es so kommt, wie ich versprochen habe"*, das erinnert schon längst an päpstliches Unfehlbarkeitsgehabe. Anstelle von absolut unpassender Selbstbeweihräucherung ist vielmehr »Mut« gefragt, weil es nun mal die Aufgabe der Politik ist, auch »unpopuläre« aber notwendige Veränderungen durchzusetzen.

***Die sittliche Grundlage aller Politik
ist die Humanität, und die Humanität
ist ein internationales Programm !***

Dem Satz des Staatspräsidenten und Professors an der Universiät Prag, **Thomas Garrigue Masaryk**[3] aus dem Jahre 1927 fügen wir noch hinzu, daß *„Humanität"* auf Tugenden beruht und genau diese Werte einzuhalten, erwarten wir zu Recht von den »Zukunfst-Gestaltern« des Weltgeschehens. Unser Vorschlag für einen Charta-Artikel soll deshalb dazu beitragen, Krisen vorausschauend zu meistern.

-- * --

Kapitel V
WIR UND DIE DEMOKRATIE
trotz Mängel das einzige vertretbare System

Lieber Mitbewohner unserer Erde

Alle die vielfältigen Aspekte, die Du und wir bisher erörtert haben, sind nicht gerade vielversprechend, wenn es nun darum geht, das System der Demokratie zu beleuchten, wissen wir doch längst, daß im Zusammenspiel der Beteiligten »Wähler+Politiker+Medien« erhebliche Mängel zu berücksichtigen sind, es aber trotzdem gelingen muß, die Grundsätze der angestrebten »Charta der Vereinten Völker« demokratisch zu verwirklichen.

In dem Glauben an die Ideale
ist alle Macht, wie alle Ohnmacht
der Demokratie begründet !

Theodor Mommsen[4], Historiker, Nobelpreisträger und Professor an der Universität Berlin, hatte schon im Jahre 1855 die *„Ohnmacht"* erkannt, die es so schwierig macht *„Ideale"* zu verwirklichen, zu einer Zeit also, als sich Demokratie noch nicht weltweit auf dem Vormarsch befand, wie heutzutage. Fügen wir sogleich noch hinzu, was **Platon**[1], der griechische Philosoph und Begründer der Akademie in Athen, bereits zu Beginn demokratischer Entwicklung um das Jahr 384 vor Christus als absoluter Anti-Demokrat dazu sarkastisch sagte :

Die Demokratie
ist eine allerliebste Staatsverfassung :
zügellos, buntscheckig,
eine Sorte von Gleichheit gleicherweise
unter Gleiche wie Ungleiche verteilend !

Aus seinem Spruch geht abermals hervor, wie schwierig es doch ist, das *„zügellose, buntscheckige"* Demokratie-Gebilde wirksam in den Griff zu bekommen. Versuchen wir also, die Faktoren aufzulisten, die bei demokratischen Prozessen mitwirken, wobei uns Wiederholungen bereits erläuterter Details nicht erspart bleiben.

Wir hatten mehrfach dargestellt, daß der Wähler nur äußerst eingeschränkt mitdenken und sich entscheiden kann, da die Themenschwerpunkte der Politik einen enormen Wissensstand und eine immense Verarbeitungskapazität verlangen. Zudem wissen wir, daß in den Programmen der Parteien äußerst komplexe Bereiche wie Innenpolitik,

Außen- und Sicherheitspolitik, Wirtschaftspolitik, Umweltpolitik, Sozialpolitik, Verkehrspolitik usw. lediglich schlaglichtartig behandelt werden und vom Wähler weder zu erwarten ist, daß er ausreichende Hintergrundinformation über die jeweilige Thematik besitzt, noch, daß er über das Instrumentalwissen verfügt, um die Wirkung vorgeschlagener Maßnahmen abschätzen zu können, und daß die zu verarbeitende Informationsmenge die geistige Kapazität nicht nur der Wähler erheblich übersteigt[5].

Wir geben zu bedenken, daß in den Medien eindeutige Stellungnahmen der Experten zu den Auswirkungen politischer Maßnahmen eher die Ausnahme als die Regel sind und Zusammenhänge äußerst kontrovers diskutiert und dementsprechend unterschiedlich beurteilt werden, was die Wähler in ihrer Meinung über Wahlprogramme zusätzlich verwirrt.

Aufklärung ist der Ausgang des Menschen
aus seiner selbstverschuldeten Unmündigkeit.
Unmündigkeit ist das Unvermögen,
sich seines Verstandes
ohne Leitung eines andern zu bedienen.
Selbstverschuldet ist diese Unmündigkeit,
wenn die Ursache derselben
nicht am Mangel des Verstandes,
sondern der Entschließung und des Mutes liegt,
sich seiner ohne Leitung eines andern zu bedienen.
Sapere aude ! Habe Mut, dich deines
eigenen Verstandes zu bedienen !
ist also der Wahlspruch der Aufklärung !

Diese Aussage von 1784 stammt von **Immanuel Kant**[4], dem Philosophen und Professor in Königsberg. Seine Aufforderung *„Habe Mut, dich deines eigenen Verstandes zu bedienen"* wäre ja nicht notwendig, wenn, ja wenn *„Mangel des Verstandes"* nicht die Regel wäre. Da es aber die Regel ist, nutzen die Parteien die *„Unmündigkeit"* der Wähler erst recht für ihre Zwecke und verzichten lieber auf den *„Wahlspruch der Aufklärung"*. Das ist zum Beispiel daran zu erkennen, daß zum Wahltermin nur einige wenige Parteiprogramme zur Auswahl stehen, die jedes ein politisches »Angebot« repräsentiert, das sich durch eine entsprechende Zahl von Wahlstimmen »kaufen« läßt, wobei entscheidend ist, daß eben dieses »Angebot« nur als Gesamtpaket »gekauft« werden kann und somit alle die vielen, sehr unterschiedlichen Teilbereiche der Politik beinhaltet und den Wähler dazu zwingt, das »Gesamtpaket« abschätzen zu müssen, was schier unmöglich ist[5].

Noch komplizierter wird das Spiel, weil vor einer Wahl gemachte Koalitionsaussagen einzelner Parteien den Wähler vor das Problem stellen, daß bestimmte Programmteile einer Partei mit denen einer anderen Par-

tei später kombiniert werden können und in diesem Fall ein mehrfach geschnürtes Maßnahmenbündel vom Wähler abzuwägen ist, was ebenfalls nicht machbar ist. Wir wenden ein, daß es vor der Wahl keineswegs sicher ist, welche Programmpunkte nach der Wahl tatsächlich verwirklicht werden, welche Partei sich bei Koalitionsverhandlungen durchsetzt oder ausnutzt, das »Zünglein an der Waage« zu sein, wodurch beim Wähler ein gravierendes Unsicherheitsmoment über die konkrete Verwirklichung der Programme der koalierenden Parteien verbleibt, wobei noch hinzukommt, daß sich der Wähler mit allen Programmen der verschiedenen Parteien, deren spätere tatsächliche Koalition nicht voraussehbar ist, beschäftigen muß und unter diesen Umständen die Abschätzung vorgeschlagener politischer Maßnahmen praktisch nicht gelingen kann[5].

*Da die Bundesgenossen
alle das gleiche Stimmrecht haben,
so wird jeder
hauptsächlich auf seinen eigenen Nutzen bedacht sein.
Bei solchen Umständen kommt nicht leicht
eine wichtige Unternehmung zustande.
Denn indem der eine darauf dringt,
dem Feinde nach Möglichkeit zu schaden,
wünscht der andere,
sein Eigentum nach Möglichkeit zu erhalten.
Bei ihren noch so langen Zusammenkünften
wird der kleinste Teil der Zeit darauf verwandt,
über das gemeinsame Beste zu beraten ;
die meiste Zeit bringt jeder
mit seinen besonderen Angelegenheiten zu.
Jeder bildet sich ein, er werde durch seine Saumseligkeit
keinen sonderlichen Schaden tun ;
ja er glaubt, andere werden schon für ihn mitsorgen.
Und inzwischen
geht die gemeinsame Sache unvermerkt zugrunde !*

Die Ausführung von **Thukydides**[1] um das Jahr 432 vor Christus enthält Aspekte, die für unser Thema bestens zu verwenden sind. Er war der erste kritische Historiker der Antike, wurde aus Athen verbannt und angeblich ermordet.

Beziehen wir seine Worte *„wird jeder hauptsächlich auf seinen eigenen Nutzen bedacht sein"* auf unser heutiges Parteien-System und fügen hinzu *„dem Feinde nach Möglichkeit zu schaden"*, so zeigt das Gedankenspiel, daß in der Parteien-Demokratie der »Wahlkampf« ausschließlich ein Kampf um Wählerstimmen ist und weil dabei *„der kleinste Teil der Zeit darauf verwandt..* wird *..über das gemeinsame Beste zu beraten"*, muß *„die gemeinsame Sache unvermerkt zugrunde"* gehen, die Sache des Volkes wohlbemerkt. Das Resumé des Dramas müßte somit korrekter-

weise lauten : wozu dann überhaupt noch wählen, wo es doch nichts auszuwählen gibt, was der *„gemeinsamen Sache"* auch wirklich dienen könnte ?

Verstärkt wird der Einwand durch die Mogelei, daß die Parteien für den Wahlkampf immer die Themen als wirksame Schwerpunkte der Propaganda auswählen, die gerade auf der Prioritätenliste der Wähler die Volksstimmung anheizen und dieser ständige Wechsel alle anderen, oft wichtigeren Problemfelder nicht zur Debatte stellen und weil es für die Wähler geradezu unmöglich ist, die ständig wechselnden Themen zu beurteilen und somit nicht aus Sachkenntnis gewählt wird, sondern Propaganda die Wahlentscheidung prägt.

Du wirst wahrscheinlich einwenden, pflichtbewußter Wahlbürger, daß es angesichts der Wahl-Problematik ausreicht, die Partei zu wählen, von der man glaubt, die eigene »generelle« politische Richtung zu vertreten. Wir sagen jedoch dazu, daß zwar der Wahlkampf noch immer nach traditioneller Parteiprägung Stimmenfang anstrebt, daß aber das Gedankengut von »Links, Mitte, Rechts« längst nicht mehr als absolut einseitig trennbar ist, sondern nur zur unangebrachten Polarisierung führt und in der modernen Demokratie zeitgemäße Problemlösungen behindert.

Du wirst weiterhin zugeben müssen, daß der politisch engagierte Teil der Bevölkerung, der beispielsweise Parteiarbeit leistet, an Demonstrationen teilnimmt und bei Unterschriftensammlungen mitwirkt, nicht nur selbst sehr bewußt wählt, sondern intensiv Stimmenfang betreibt, da er im persönlichen Interesse für seine Gruppe tätig ist aber vorgibt, Interessen der Allgemeinheit zu verfolgen.

Angesichts der unglaublichen aber wahren Akrobaten-Nummern im »Wahlzirkus«, der nach amerikanischem Vorbild immer weiter zur »unterhaltsamen Polit-Show« verkommt, paßt ein weiteres Zitat in unsere Betrachtung, diesmal von **Thomas Mann**[4], das der weltberühmte Dichter und Nobelpreisträger von 1929, im Jahre 1925 verfaßte, bevor er 1933 von Deutschland in die Schweiz emigrierte :

Wo der sittliche Mut
zu Entscheidungen und Unterscheidungen,
wie der zwischen Betrug und Wirklichkeit, sich zersetzt,
da ist es mit dem Leben überhaupt,
dem Urteile, dem Werte, der besseren Tat zu Ende,
und der Verwesungsprozess moralischer Skepsis
beginnt sein schauerliches Werk !

Wir halten fest, daß der Ausgang einer Wahl stets alle Bürger betrifft, die sich der dann folgenden Verwirklichung eines Programmes, gleich von welcher Partei, nicht entziehen können, was nicht nur die Motiva-

tion zur politischen Mitwirkung beeinflußt, sonder als »Kollektivgut«
durchaus ein *„schauerliches Werk"* sein kann. Ob es sich nun um die
»Kosten« als Folge einer negativen Wahlentscheidung oder um die »Er-
träge« einer positiven Entwicklung handelt, alle Bürger unterliegen gleichermaßen dem »Wahl-Ergebnis«, egal welcher Partei inclusive deren un-
durchschaubarem »Gesamtpaket« der einzelne Wähler seine Stimme gewährt hat.

Andererseits müssen wir leider zugeben, daß »Kosten« und »Erträ-
ge«, welche Langzeitprogramme betreffen und erst in ferner Zukunft
wirksam werden, beim Wähler auf sehr geringes Interesse stoßen, »nach
mir die Sintflut«, nur was heute geschieht zählt, und daß diese fatalisti-
sche Einstellung ohne Sinn für »Zukunftsorientierung« die »siegen wol-
lenden« Parteien geradezu dazu »zwingt« nur solche »Programme« auf-
zulegen und anzubieten, die dem Wähler heute, am Wahltag, gut »gefal-
len«.

Wir erleben vor Wahlen ständig, wie der Wähler hochgelobt wird, wie
wichtig doch seine Stimme sei. Dem nachdenkendem Bürger ist jedoch
längst klargeworden, daß der Einfluß seiner Stimme auf die Verwirklichung einzelner Themen von Parteiprogrammen praktisch so gut wie Null
ist und er nur deswegen die Wahlurne mit seiner Stimme füttert, um zum
Sieg seiner bevorzugten Partei beizutragen, um aus Unzufriedenheit einen Regierungswechsel ohne eigene Parteipräferenz zu unterstützen,
oder aber nur »weil man eben wählen geht« weil es sich so gehört ohne
eine Vorstellung, wer nun die Stimme erhalten soll, was als »Demokra-
tie-Pokern« zu bezeichnen wäre.

Nach Wahlen erleben wir ständig, wie die geringe »Wahl-Beteiligung«
beklagt wird, wobei die Wahl-Analytiker immer wieder übersehen, daß
viele Bürger längst der Meinung sind, daß Wahlen eh keine Veränderungen nach ihren Wunschvorstellungen bewirken und somit auf die Stimmabgabe verzichtet werden kann, und dann gibt es schließlich auch noch
die Volksgenossen, die mangels Verständnis für die Gemeinschaft und
aus Gleichgültigkeit nicht an Wahlen teilnehmen, was ja auch nicht gerade im Sinne des Erfinders der Demokratie ist.

Noch einige weiter Facetten sind kurz anzusprechen, um das Bild ab-
zurunden. So verkommen beispielsweise vorher kalkulierte Auswirkungen zu reinen spekulativen Erwartungsgrößen,

* weil auch dann, wenn die Durchführung bestimmter Maßnahmen von
den Parteien für eine Legislaturperiode zugesichert wird, nur ein Versprechen ohne Garantie erfolgt, da nicht vorhersehbare Entwicklungen
zu Änderungen oder Streichung von Programmen führen,

* weil die tägliche Politik von Berufsparlamentariern bestimmt wird, und

WIR
DIE WIR SIND - WIE WIR SIND
die Menschen auf dem Planeten Erde
haben als Weltbürger erkannt und stellen zur Diskussion
daß ein

RAT FÜR GLOBALE REGIERUNGEN

folgende Aspekte beachten sollte :

Artikel V.1

DEMOKRATIESYSTEM

**In der Erkenntnis,
daß es die mündigen Wahlbürger
mit Sachverstand durch Sachkenntnis
in allen politisch aktuellen Bereichen,
nicht geben kann,
sondern vorwiegend Parteipropaganda und Medien
Wahlen und somit Zukunft entscheiden,
ist ein Demokratiesystem zu etablieren,
in dem der Wähler mit seiner Stimme
vertrauenswürdigen und sachkundigen,
vor allem aber unabhängigen Parlamentariern
die Führung der Regierung überträgt.**

Artikel V.2

VOLKSENTSCHEIDE

**In der Erkenntnis,
daß Volksentscheide zusätzlich zu Wahlen
zumeist zu Ergebnissen führen,
die massiv auf Stimmungsmache und
weniger auf Sachverstand beruhen,
ist Volkesmeinung durch Volksentscheide
nicht zur Lösung komplizierter Probleme geeignet,
vielmehr ist durch
Aufklärung und Erziehung anzustreben,
daß der Wähler bei Parlamentswahlen
ohne aufgeheizte Emotionen
eine zur Problemlösung fähige Regierung
auswählt und bevollmächtigt.**

die Auslegung des siegreichen Parteiprogrammes von der Vorstellung und den Interessen der einzelnen Abgeordneten abhängig ist, wobei unscharf formulierte »Programmpakete« und nur allgemein umrissene Politikbereiche einen beträchtlichen Freiraum für Entscheidungen zulassen,

* weil Stimmentausch zwischen Parlamentariern verschiedener Parteien als »Kuhhandel« möglich ist, um zur Durchsetzung von Projekten Stimmenmehrheit zu erzielen. Basta.

> *Es ist unmöglich,*
> *eine herrschende Gruppe davon zu überzeugen,*
> *daß ihre Privilegien ungerechtfertigt sind*
> *und daß sie davon ablassen müssen.*
> *Individuen kann man manchmal,*
> *wenn auch selten, davon überzeugen,*
> *ganze Gruppen niemals !*

Jawaharlal Nehru[2], Rechtsanwalt aus Kaschmir und Ministerpräsident Indiens, der als Anhänger Gandhis wiederholt eingekerkert wurde, brachte seine vorstehende Überzeugung im Jahre 1933 zum Ausdruck.

Die Zeile *„daß ihre Privilegien ungerechtfertigt sind“* übertragen wir zu Recht auf die politischen Parteien, deren egoistische »Gegenwartsfixierung« sich treffend als »Sozialdilemma« charakterisieren läßt, und die nach Nehru's Meinung als *„ganze Gruppen niemals“* davon zu überzeugen sind, daß sie ihre *„Privilegien“* nicht einfach ungestraft zum »Eigennutz« umfunktionieren können, was zur Neuorientierung der Demokratie zwingt.

Das gängige Prinzip, den umschwärmten Wahlbürgern kurzfristige individuelle Vorteile zu gewähren, wirkt sich für das Kollektiv des Staates langfristig zum Nachteil aus, beispielsweise in zukunftsorientierten Bereichen der Umweltpolitik, Verkehrspolitik, Energiepolitik und Wirtschaftspolitik.

Geradezu das ganze System kann auch bei bestem Willen nicht anders als »Demokratieversagen« bewertet werde, es ist längst »schrottreif«, weil die Parteien in erster Linie die Wiederwahl anstreben, dazu »Wahlgeschenke« verteilen, die von den Medien manipulierte »Volksstimmung« nutzen, und als Folge des »Parteiegoismus« bei der Bewältigung gemeinschaftlicher Zukunftsprobleme versagen und der Gesellschaft als Ganzes schaden.

Wir müssen schlucken, daß ein Berufspolitiker im Allgemeinen weder ein Fachmann noch ein Dilettant ist, sondern ein Generalist mit Spezialwissen, wie man politische Gegner bekämpft und die Regierung nicht

Artikel V.3

VOLKSENTSCHEIDAUSNAHME

In der Erkenntnis,
daß Volksentscheide zusätzlich zu Wahlen
nur in Ausnahmefällen sinnvoll sein mögen,
kann deren Ergebnis nur dann rechtskräftig sein,
wenn die Entscheidung nicht gegen die Grundsätze der
Charta der VEREINTEN VÖLKER
gerichtet sind.

Artikel V.4

BÜRGERBEWUSSTSEIN

In der Erkenntnis,
daß der Staatsbürger in der Demokratie
in seinem eigenem Interesse mitwirken muß,
sind der Sinn für die Gemeinschaft
und das Verständnis
über die Auswirkungen von Wahlentscheidungen
durch Aufklärungsarbeit zu stärken, mit dem Ziel,
weit mehr mündige Wahlbürger als bisher
zu vernünftigen Entscheidungsträgern
mit Staatsbürgerbewußtsein auszubilden.

Artikel V.5

WAHLPFLICHT

In der Erkenntnis,
daß sich der Staatsbürger
nicht seiner Mitverantwortung für die Gesellschaft,
von der sein Wohlergehen abhängig ist,
entziehen kann,
ist die allgemeine Wahlpflicht einzuführen
mit der Aufgabe
ausschließlich Persönlichkeiten
als Mitglieder der Regierung zu bestimmen.

unabhängigen »Führungspersönlichkeiten« übertragen wird, die weitverbreitet vorhandene und sachkundige Informationsquellen verantwortungsbewußt zu nutzen wüßten.

> *Die Demokratie*
> *rechtfertigt sich nicht erschöpfend in sich selbst,*
> *ja vielleicht überhaupt nicht, gleich der Natur.*
> *Sie ist nur, soweit wir sehen, das beste,*
> *vielleicht einzige wirklich geeignete Mittel,*
> *die einzige Bildnerin, Erweckerin, Erzieherin*
> *für die Millionen, und zwar nicht nur*
> *für große Persönlichkeiten von Fleisch und Blut,*
> *sondern für unsterbliche Seelen.*
> *Sein Wahlrecht zusammen mit allen anderen auszuüben,*
> *ist nicht viel, und diese Institution wird,*
> *wie jede andere, immer ihre Unvollkommenheit haben.*
> *Aber ein freier Mensch zu werden*
> *und nun, da alle Schranken gefallen sind,*
> *ohne Demütigung und ebenbürtig allen anderen dazustehn*
> *und den Weg frei zu haben,*
> *um das große Experiment der Entwicklung zu beginnen,*
> *deren Ziel die Erschaffung*
> *des vollentfalteten Mannes oder Weibes ist,*
> *das ist etwas !*

Walt Whitman[3], amerikanischer Wegbereiter moderner Lyrik, Setzer, Lehrer, Zimmermann, Schriftleiter, Bauunternehmer, Krankenpfleger im Bürgerkrieg 1861/65, im Alter gelähmt, hatte seinen vorgenannten Text im Jahre 1870 verfaßt und die Erkenntnis der *„Unvollkommenheit"* der Demokratie vermerkt, gleichzeitig aber auch festgehalten, daß Demokratie *„das beste, vielleicht einzige wirklich geeignete Mittel"* ist, als *„Erzieherin für die Millionen"* zu wirken *„ein freier Mensch zu werden"* dem wir hinzufügen : Demokratie »JA« aber »Parteien-Demokratie »NEIN«

Seit Jahrhunderten wird diskutiert, welcher Weg mehr Erfolg verspricht, entweder »stärkere Demokratisierung« oder aber »stärkere Entdemokratisierung« mit mehr Macht für eine »gebildete Elite«. Angesicht der vielen »negativen« Faktoren, die das heutige System verderben, meinen wir, daß eine »aufgeklärtere Demokratie« ohne »festgefahrene Parteien" dafür mit gewählten verantwortungsbewußten »Führungspersönlichkeiten« mehr Chancen für »vernünftiges Handeln« einzuräumen sind. Der Irrsinn ist selten bei »Einzelnen« die Regel, wohl aber bei Gruppen, Parteien, Völkern und selbst Zeiten. Denken wir also gemeinsam darüber nach, was wir mit unseren nächsten Charta-Artikeln vorzuschlagen haben.

-- * --

Kapitel VI
WIR UND DIE PARTEIEN
die nur sich selbst befriedigen

Lieber Mitbewohner unserer Erde

Demokratie ist also erkanntermaßen ein ziemlich diffiziles Prinzip und nur sehr bedingt dazu geeignet, Regierungen zum Wohle der Menschheit zu etablieren. Zweifellos sind bei diesem schwierigen Prozess »alle Parteien«, nicht nur politische, das größte Hindernis für »vernünftige« Beschlüsse, die voraussetzen, daß die zum »Nachdenken« gewählten Abgeordneten ihre Köpfe einmal ausnahmsweise nicht mit Strategien vollstopfen, die nur ihr eigenes, wohldotiertes Überleben sichern und ihre Eitelkeit und Geltungssucht befriedigen sollen.

Wer zur Einigung auffordert,
muß die Interessen der Parteien verachten !

Mit diesem Satz aus dem Jahre 1666 zitieren wir erneut **Johann Amos Comenius**[3] und haben nichts hinzuzufügen, der Sinn ist sonnenklar.

Tagtäglich kann Jedermann in den Medien das »Schauspiel« auf der parlamentarischen Bühne studieren, das bis zum Verdruß immer wieder das gleiche Drama zum Inhalt hat : *„wer kann am publikumswirksamsten den politischen Gegner ausstechen"*, wobei Texte mit ausgelauchten Schlagworten und provozierenden Behauptungen die Dramaturgie der Dialoge bestimmen und unzweideutige Gebärden die Agitation gegeneinander unterstützen. Die spektakuläre Show hinterläßt den Eindruck, daß es den »Darstellern« des »Polit-Theaters« weit mehr darauf ankommt, den Kontrahenten verbal umzubringen, anstatt die anstehenden Probleme verständlich vorzutragen und miteinander »parlamentarisch« zu erörtern und »sinnvolle« Entscheidungen in die Tat umzusetzen. Das vielfältig zu interpretierende Bühnenstück, weil mit unklarer Faselei gespickt, erinnert an die verläßliche Methode, wie man die Geister in den Gehirnwindungen von Zuschauern verwirren kann, wenn man allerseits keine Lösungen für Probleme parat hat, wenn man nicht weiter weiß und kein Souffleur, versteckt am Bühnenrand, weiterhilft.

Noch schlimmer endet das Drama, wenn die Akteure einer Partei tatsächlich einmal eine Szene vorspielen, die einen geeigneten Pfad zur Problem-Lösung aufweist und vielleicht sogar ausnahmsweise die gegnerische Partei zwecks Zustimmung umwerben. Dann darf es einfach nicht sein, das Konzept des Gegenspielers anzuerkennen, das verlangt bekanntlich knallhart die »Partei-Disziplin« und der »Fraktions-Zwang« preßt

71

die Köpfe der abstimmungsberechtigen Gefolgsleute in Masken mit auf-
gedruckten Zahlen, um rein rechnerisch die Wahl auch gegen Vernunft
zu gewinnen. Wichtig ist eben nur, das »eigene Gesicht« nicht zu verlieren und die eigenen Wähler bei der Stange zu halten, die ja eh nur das
Schauspiel fasziniert, dessen Sprechblasen sowieso als unverständlich
im Getöse untergehen.

So und nicht anders, lieber Mit-Akteur auf Erden, spielt sich in den
meisten Fällen das Geschehen auf der Weltbühne ab. Diese Erkenntnis
ist, das sei unmißverständlich klargestellt, nicht in unseren Köpfen ge-
reift, daß haben »Denker« schon in Tausenden von Jahren immer wieder
gleichlautend festgestellt, wie auf den nächsten Seiten nachzulesen ist.
Und diese »Weisen« jedwelcher Kulturkreise mußten leider auch erkennen, daß wohl kaum jemals ein gangbarer Weg aus diesem so traurigen
Dilemma der Menschheit herausführen wird.

Auch wir haben nicht den »Stein der Weisen« gefunden, aber wir meinen, daß es nicht schaden kann, die verderblichen Zusammenhänge immer wieder zur Kenntnis zu bringen.

Der Parteigeist erniedrigt die größten Menschen
bis zu den Kleinlichkeiten der großen Masse !

Der Satz aus dem Jahre 1688 stammt von dem französischen Juristen
und Prinzenerzieher **Jean de la Bruyère**[3], der als Moralist satirische Apho-
rismen über den Absolutismus schrieb. Skizzieren wir, was es mit dem
„Parteigeist" auf sich hat, wobei abermals Wiederholungen der Argu-
mente nicht auszuschließen sind.

Wir wissen, Parteien wollen Wahlen gewinnen, um an die Macht zu
kommen und benutzen Methoden zur Verwirklichung des Wahlsieges,
die als äußerst fragwürdig einzustufen sind,

* weil Politiker in einer Konkurrenzdemokratie ihre Vorstellungen von
einer »richtigen Politik« angeblich nicht ohne Berücksichtigung der
»Wählerwünsche« wahlwirksam propagieren können, werden auch »un-
brauchbare Volksmeinungen« wider besseres Wissen als »Wahlgeschenke« in Parteiprogrammen hervorgehoben, die nach der Wahl als reine
»Versprechungen«, und weil sie zumeist nicht zu verwirklichen sind, wieder aus dem Politgeschehen verschwinden.

* weil das Parteiprogramm den Wählern »verkauft« werden muß, bestimmt nicht die objektive Lage die Wahlentscheidung, sondern die sub-
jektive Wahrnehmung des Bürgers, die von den Politikern durch
»Schwarzmalerei« und »Schönfärberei« ausgenutzt wird, weil die Erfahrung gezeigt hat, daß auf diese primitive Weise nicht selten gewaltige
»Stimmenbewegungen« auslösbar sind.

* weil das Demokratiesystem auf simplen »Ja / Nein-Entscheidungen« basiert, konfrontieren die Parteipolitiker die Wähler mit stark vereinfachten und plakativ dargestellten »Slogans«, die effektiv ohne Aussage über tatsächliche politische Inhalte die Wähler lediglich wahlwirksam manipulieren und für dumm verkaufen.

* weil es gängige Praxis ist, mit Parteiprogrammen die Auswirkungen der vorgesehen Maßnahmen zwecks Stimmenfang einseitig zu propagieren, die individuellen Vorteile zu betonen und die Belastungen zu verschweigen.

* weil Politiker vermeiden, sich auf konkrete Aussagen festzulegen, ein nicht durchschaubares »Programmpaket« zur Wahl stellen, um sich für später einen möglichst großen Freiraum für Entscheidungen offenzuhalten.

* weil zwecks Erringung des Wahlsieges der politische Gegner weitestgehend lahmgelegt werden muß, werden »Wahlkämpfe« auf einem unwürdigen Niveau ausgefochten mit der ausschließlichen Absicht, den Konkurrenten in ein möglichst schlechtes Licht zu rücken wobei nicht nur hemmungslos unsachliche Kritik und Wehgeschrei, sondern auch Diffamierung und Lügen skrupellos angewendet werden.

* weil es bereits soweit gekommen ist, daß entwürdigender grenzenloser Wahlzirkus den Bürger im Vergnügungstaumel betrunken macht, zum willenlosen »Herdentier« deklassiert und ihn als nützliches »Stimmenvieh« zur »richtigen« Stimmabgabe verführt.

* weil bereits Marketingstrategien dazu benutzt werden, um den Wähler auf die gleiche Weise psychologisch einzuseifen, wie aus Bürgern »Konsumenten« geformt werden, um ihm mit einem Dauerbombardement von Werbespots in Funk, Fernsehen und Presse und mit einer endlosen Flut nichtssagender Plakate seines eigenen Verstandes zu berauben, damit er wählt, was ihm am besten eingetrichtert worden ist.

* weil es an der Tagesordnung ist, Entscheidungen und Maßnahmen mehr nach demoskopischen Umfragen und Medienberichten auszurichten, die bekannterweise im Zick-Zack-Kurs je nach Stimmungslage der Bevölkerung ständig wechseln, anstatt unbeirrt so zu regieren, wie es die Sachlage und die Orientierung auf zukünftige Auswirkungen erfordert, und sei es gegen die Volksmeinung und Volksstimmung, die letztendlich als »nicht von Dauer« eher Schaden als Nutzen anrichten.

Wahrlich keine erfreuliche Ansammlung von niederschmetternden, auf Kosten des Steuerzahlers finanzierten Strategie-Methoden, aber zu allem Leidwesen ist die Liste, die das Parteien-System als unfähig erweist, noch lange nicht zuende.

*Der Despotismus der Parteiorganisation
ist eine der größten und tückischsten Gefahren,
welche die Lebensfähigkeit freier Institutionen bedrohen !*

Diesen Satz schrieb **Carl Schurz**[2] im Jahre 1906, der als deutscher Freischärler in die USA geflohen war und es dort zum amerikanischen General, dann Senator und schließlich Minister gebracht hat.

Wir vermerken dazu, daß Demokratie auf der Basis der politischen *„Parteiorganisation"* nicht zur Verwirklichung der »Charta der Vereinten Völker« geeignet ist :

* weil der übermächtige Einfluß von Lobbies und anderen Gruppen vieler Art auf die Politiker und Parteien die parlamentarischen Entscheidungen und Maßnahmen weitestgehend mitbestimmt, nicht selten gegen jede Vernunft und das Wohl der Gemeinschaft, sie sind die eigentlich »Mächtigen«, nicht die Parteien.

* weil in schwierigen Zeiten die Politiker auch heute noch »ihr Volk« hinter sich scharen, indem sie einen äußeren Feind vorgeben, um beim Volk den Glauben an ein gemeinsames Ideal zu wecken, das es zu verteidigen gilt, »Feindbilder« sind eben noch immer brauchbar.

* weil Fehlentscheidungen, die mangels Information, Verstand und Weitblick nur selten von der Allgemeinheit als solche zu erkennen sind und von den Verantwortlichen einfach verharmlost, bewußt verschwiegen und unterdrückt werden, aber Krisen vorprogrammieren können, die erst später sehr zum Schaden der gemeinschaftlichen Zukunft auftreten und wirken.

* weil Parteidisziplin, Parteidoktrin und vor allem der Fraktionszwang und der Absolutismus der Führungsmeinung auch die Politiker in eine Zwangsjacke preßt, die von Fall zu Fall anders abstimmen würden, als es die Partei für alle verbindlich vorschreibt, wodurch die Demokratie zu einem Verein von Parteien mit »Stimmsklaven« abgewertet wird, wer nicht spurt, der spürt die Folgen indem er nicht zur Wiederwahl antreten darf.

* weil das Parlament aufgrund der Abhängigkeit der Abgeordneten von den Parteien nur noch ein verhältnismäßig unwichtiges Organ des politischen Lebens ist, vereinnahmt von den Parteien und für ihre Zwecke instrumentalisiert.

* weil kluge Entscheidungen sehr oft nur deswegen verhindert werden, weil Anträge zur Abstimmung von der Konkurrenz stammen oder nicht in die eigene Parteistrategie passen.

* weil Macht der einzige Wert ist, der bei den Volksvertretern zählt, mit der Folge, daß derart egoistisches Handeln mit Tugenden und Verantwortung für die Gemeinschaft nichts mehr zu tun hat und der ethisch Handelnde der Dumme ist, wenn es um Verteilung von Macht innerhalb des Parteigefüges geht[6].

* weil Parteipolitik nur Machtstreben und Machterhalt und nicht viel mehr bedeutet, und sich Entscheidungen nach Machtfaktoren richten, die in den wenigsten Fällen den Wähler selbst betreffen, ist die Zugehörigkeit zu »Seilschaften« die wichtigste Voraussetzung, um persönliche Macht zu gewinnen, weit weniger der Sachverstand des Bewerbers.

* weil Postenverteilung die Zugehörigkeit zur »Clique unter Führung eines Feudalherrn« die Grundvoraussetzung für den Aufstieg ist, wobei Positionen nicht programmatisch diskutiert werden, sondern propagandistisch.

* weil demokratische Entscheidungen heutzutage in so hohem Maße von den Massenmedien beeinflußt werden, daß unwidersprochen behauptet werden kann, die Medien machen Politik und nicht die gewählten Volksvertreter.

* weil Parteiprogramme zumeist nach der Wahl nicht befolgt werden und nur auf Papier überleben, findet eine vollkommene Entmachtung des Staates durch die etablierten Parteien statt, der Wählerwille wird durch interne Abkommen ausgeschaltet, Entscheidungen sind nur noch gelegentlich demokratische Zufallsaktionen[5].

Parteizwistigkeiten entstehen nicht
um der Staatsverfassung an sich willen,
sondern wegen der verschiedenen
persönlichen Interessen der einzelnen !

Hinter den Zeilen von **Lysias**[1], die der berühmte griechischer Redner um das Jahr 403 vor Christus zu Athen bekanntgab, steckt seit Ur-Zeiten, was durchaus als »Parasitismus auf Staatskosten« bezeichnet werden kann. Es ist geradezu ungeheuerlich, was sich finanziell im Politgefüge abspielt und daß volksschädigende Auswüchse zukunftig zu eliminieren sind :

* weil viele Parteipolitiker mit ethischen Werten ohnehin auf Kriegsfuß zu stehen scheinen und nach der Devise »Mein Wohl statt Gemeinwohl« allzugern in die Staatskasse greifen, die sie völlig ungeniert als »Selbstbedienungsladen« sehr schätzen und die Selbstversorgung keinesfalls als strafbare Handlung oder wenigstens als unmoralisch betrachten, obwohl sie als Mitglieder einer selbsternannten »Elite« auch so schon teuer »belohnt« werden[6].

* weil äußerst lukrative Postenverteilung, beispielsweise in kommunalen und staatlichen Betrieben, nach dem Prinzip der »gemeinsamen Bedienung«, koste es, was es wolle, abläuft und sich dabei selbst Mitglieder gegnerischer Parteien abstimmen und nach dem Prinzip »eine Hand wäscht die andere« Posten zuschieben, Hauptsache, die eigene Kasse stimmt.

* weil Nebenjobs in Aufsichts- und Verwaltungsräten, als »bestens informierte« Berater, auf Gegenseitigkeit leicht zu haben sind und oftmals auch noch überdotiert helfen, Geld zu scheffeln, wer eben »an der Quelle sitzt«, dem fliegen die gebratenen Tauben ganz von selbst zu.

* weil es von den Abgeordneten bis zu einer gewissen, im Einzelfall sehr unterschiedlich hochgelegten Schwelle generell akzeptiert wird, sich finanzielle oder wirtschaftliche Vorteile aus seiner politischen Position zu ziehen.

* weil bei der Parteigefolgschaft selbst dann keine moralischen Bedenken aufkommen, wenn ihre Partei sogar gegen Gesetzte verstößt.

* weil die Politiker meinen, »der Staat, das sind wir« und sie nach diesem Motto nicht gerade selten in Saus und Braus leben und dabei einfach vergessen, daß sie von den Bürgern erarbeitete Steuergroschen verprassen[6].

Von einem Staatsmann verlange ich,
daß er auch für seine Gegner Zeugnis ablegt,
wenn sie im Recht sind,
und sie vor Gericht gegen Denunzianten verteidigt,
wie er auch den Verleumdungen kein Ohr leihen sollte,
wenn sie den bekannten Grundsätzen
seiner Gegner widersprechen !

Was **Plutarch**[1], der griechische Historiker, der auch Priester in Delphi gewesen ist, um das Jahr 100 nach Christus von *„einem Staatsmann verlangte"*, das gilt auch heute noch, aber leider können wir weit und breit nur wenige »Staatmänner« entdecken, vielmehr müssen wir bedauernd feststellen, daß zahlreiche Regierungen, gleich auf welcher Ebene, nicht als »führende« Institutionen im Sinn von »regieren« zum Wohle des Volkes tätig sind :

* weil erstens die regierungsbildenden Parteien vor allem anderen nur danach handeln den politischen Gegner mit allen Mitteln zu verdrängen, um die Partei an der Macht zu halten, weswegen der Konsens mit dem Gegner zur Lösung von Sachfragen nur äußerst selten und widerwillig erfolgt.

* weil zweitens den Politikern der Mut zum sittlichen Verhalten als Vor-

aussetzung zum »Regieren« fehlt, da es individuell zukunftsfördernder
ist sich einfach zur Selbstschonung der »Parteidiktatur« zu unterwerfen, anstatt parteiüberwindend nach Sachkenntnis und nach eigener Vernunft ausschließlich zum Wohle der Gemeinschaft zu entscheiden und
das Wort »Regierung« nicht zur hohlen Floskel verkommen zu lassen.

* weil drittens selbst dann »Partei-Regierungen« nicht regierungsfähig
sind, wenn sie moralisch und sachkundig einwandfrei regieren wollten,
denn längst bestimmt das unbegrenzt verfügbare Geld globaler Wirt-
schaftsmächte und Banken, was letztendlich zu geschehen hat oder zu
unterlassen ist, und diese geballte Kraft ist die »Führungspartei«, die
keine einzige Regierung übersehen kann, diese Supermacht bildet »Über-
regierungen« die offensichtlich die »formalen« Regierungen bereits unübersehbar als an Fäden gefesselte Marionetten in der Hand halten.

* weil viertens manche Regierungen selbst die Partei sind, nur eine einzige mit nahezu unbegrenzter Macht, die Partei des religiösen »Einheits-
glaubens«, die als Theokratie allein den Staat »regiert« und doktrinär
entscheidet, was zu geschehen hat.

Die wahren Revolutionäre, die wahren Männer der Tat,
die, die für die Zukunft die meiste Wahrheit,
die meiste Gerechtigkeit aufspeichern,
das sind zweifellos die Gelehrten !

Der im Panthéon ruhende französische Journalist und Dichter **Emile
Zola**[3], publizierte diese Zeilen im Jahre 1901 und wir halten leider erneut Ausschau, wo sind *„die wahren Männer der Tat"*, wo sind sie geblieben. Nicht zu übersehen ist dagegen der Personenkult. Es ist zwar
ständig von Parteien und Regierungen die Rede, aber vielmehr noch von
»Personen«, die das Weltgeschehen führen, was zum Umdenken Anlass
gibt :

* weil in Parteien fast ausschließlich die Person »regiert«, der es gelungen ist durch ihre »Redekunst« und »Überzeugungskraft« die maßge-
bende Machtposition zu erringen und die als der moderne »Souverän«,
nicht mehr mit der Krone, sondern mit dem Wahlzettel, letztendlich »sein
Volk« beherrscht und hauptsächlich die »Partei-Interessen« steuert.

* weil der Wähler einerseits nur über die Größe einer »Parteifraktion«
im Parlament entscheidet und nicht über Personen, die er gern in der
Regierung hätte, und andererseits die »Seilschaft« der Partei durch interne Vorauswahl bestimmt, welche Personen auf Grund der »Listen-
wahl« im Gefolge der »Spitzenpolitiker« mitwirken dürfen, bleibt es der
Partei überlassen die »Hierarchie« der Führungspersonen zu ordnen und
dabei die »Hinterbänkler« nach ihrer Zuverlässigkeit als verdiente »Par-
tei-Lakaien in Wartestellung« auszusuchen, der Wähler darf bei der »Krö-

83

WIR
DIE WIR SIND - WIE WIR SIND
die Menschen auf dem Planeten Erde
haben als Weltbürger erkannt und stellen zur Diskussion
daß ein

RAT FÜR GLOBALE REGIERUNGEN

folgende Aspekte beachten sollte :

Artikel VI.1

PERSÖNLICHKEITSWAHL

**In der Erkenntnis,
daß politische Parteien
vorwiegend nur im Eigeninteresse handeln
und weniger ethische Werte als Maxime
tatkräftig und zuverlässig verfolgen,
sind neue demokratische Regeln zu erlassen,
nach denen
die Bildung von vertrauenswürdigen Regierungen
nicht mehr durch die Wahl von Parteien,
sondern durch Direktwahl unabhängiger Persönlichkeiten
mit mehr Zuverlässigkeit und Weitblick geschieht.**

nung« der »Herrscher« nur noch Beifall klatschen oder Buh rufen, mehr nicht[5].

* weil zwar die auf der Basis von Parteien und Spitzenpolitikern gebildeten Regierungen die Entscheidungen weitgehend »unanfechtbar« fällen dürfen, aber die verantwortlichen Politiker bei Fehlentscheidungen für die daraus resultierenden »Auswirkungen« nicht persönlich haftbar zu machen sind, ist Politik in hohem Maße vor allem ein »freies Kräftespiel« um Machtpositionen und weniger »moralisches« Handeln für die Gemeinschaft des Volkes.

Die ersten Schritte sind wertlos,
wenn der Weg nicht zu Ende gegangen wird !

Schließen wir uns den Worten von **Shankara**[2] an, die der indische Religionsphilosoph um das Jahr 800 nach Christus predigte und halten fest : Seit jeher lenken stets Personen an der Macht das Geschick der Menschheit, aber die heutigen »Parteisysteme« billigen dem Volk nur sehr eingeschränkt die Mitwirkung bei der Auswahl von »Persönlichkeiten« zu, und weil das so ist, empfehlen wir mit unserem Charta-Artikel das »Wahlsystem« nicht mehr auf der Wahl von Parteien, sondern auf der Direktwahl von solchen »Persönlichkeiten« aufzubauen, die dazu fähig sind unabhängig nach den ethischen Regeln der neu zu gestaltenden »Charta der Vereinten Völker« zu handeln.

-- * --

Kapitel VII
WIR UND DIE WEISHEIT
die weltweit vermißt wird

Lieber Mitbewohner unserer Erde

Falls Du als Tourist schon mal in Griechenland gewesen bist oder auf den Spuren der Römer unterwegs warst, hast Du sicherlich die steinernen Zeugen der Tempel, Arenen und Städte der Antike bewundert, und falls Dich die Phantasie gefangen nahm, bist Du vielleicht im Traumlicht des Vollmondes zwischen den grandiosen Trümmern als »Senator« aufgetreten und hast vor dem »Senat« eine geistreiche Rede gehalten. Dann warst Du in Gedanken ein Parlamentarier, der vor weit mehrals 2000 Jahren offen seine Meinung im Angesicht der Götter sagen durfte, dann warst Du in Deinem aufregenden Traum Bürger einer Demokratie, der Du heute in harter Wirklichkeit bist.

Wenn wir uns weiter sehr genau in der Welt umblicken, dann können wir feststellen, daß bei vielen Völkern bezüglich der »Regierungsmethode« alte Traditionen bis heute noch sehr lebendig geblieben sind : der »Ältestenrat« oder »der Rat der Weisen« und auch »die Alten« großer Familien-Clans haben letztendlich das »Sagen«. Herausragende »Persönlichkeiten« mit Lebenserfahrung beraten also gemeinsam, was in diesem oder jenen Fall zu geschehen hat, sie erteilen einen »guten Rat«, dem sich sogar mächtige »Häuptlinge« eines Stammes oder die vielen Mitglieder einer ganzen »Sippe« vertrauensvoll in dem festen Glauben unterordnen, daß die »Berater« zum Wohle der Gemeinschaft nach bestem Wissen und Gewissen entscheiden. Sie sind die heutigen »Senatoren« und in USA heißen sie auch so, die gewählten Mitglieder des Repräsentantenhauses als dem »Senat« der Neuzeit.

Auch wir wollen »bestens beraten« und »geführt« sein und deshalb zukünftig ebenfalls Persönlichkeiten, die wir kennen und denen wir vertrauen können, in unsere parlamentarischen »Räte« wählen, und uns nicht mehr auf »Parteien« verlassen müssen, die vor allem an ihr eigenes Wohlergehen denken und dann erst, vielleicht, an das unsere. Mit unbekannten »Hinterbänklern« aus der Riege der »Seilschaft«, die auf der Stufenleiter zur wohldotierten Eigensicherung als »Stimmvieh« der Partei gehorchen, wollen wir nichts mehr zu tun haben.

Allerdings, lieber Mitbewohner unserer Erde, ist Mensch noch immer Mensch mit »menschlichen« Eigenschaften und nicht »allwissender tugendhafter Gott«. Wir müssen also damit rechnen, daß die Persönlichkeiten, die wir zukünftig in unsere Parlamente wählen wollen, nicht

»ALLE« so sein und handeln werden, wie wir uns das vorstellen und erhoffen. Auch sie werden Gruppen bilden, aber unabhängig von »Partei-Doktrinen« von Fall zu Fall in wechselnder Zusammensetzung, und das ist gut so, wenn sachbezogen die »besten« Ergebnisse gewünscht werden. Und wir müssen höllisch aufpassen, daß nicht doch noch der globale »Wirtschafts-Imperialismus« unseren gemeinsamen Traum zunichte macht.

Die Vernunft sagt,
zur Erwählung des Besten sei nicht hinreichend,
daß wir alles mit eigenen Augen sehen und untersuchen,
sondern es gehöre dazu
ein großer Vorrat an Kritik und Untersuchungsgabe
und Scharfsinn und ein durchdringender,
von allem Wahn und Vorurteil gereinigter Verstand !

Das hatte **Lukian**[1], ein reicher Anwalt, der in Athen satirische Dialoge schrieb, um das Jahr 160 nach Christus verkündet. Seinen Gedanken folgend, sagt uns die *„Vernunft“* , daß es einzig und allein darauf ankommt, die Zukunft der Menschheit ausschließlich Köpfen mit Verstand, Gewissen und Mut anzuvertrauen :

* weil Weisheit, zumeist auf lebenslanger Erfahrung eines Individuums beruhend, solchen außergewöhnlichen Persönlichkeiten eigen ist, die nach »sittlichen« Prinzipien zu entscheiden vermögen und deswegen vom Volk in die Regierung zu wählen sind.

* weil es modern geworden ist, mit dem Begriff »Werte« unbedacht zu jonglieren und diese zum Nachteil der »Moraldisziplin« zu verändern, wodurch folgerichtig das gesellschaftliche »Ziel« zur unklaren Fatamorgana verschwimmt, sind nur solche Persönlichkeiten in die Regierung zu wählen, die entschieden für die Wiederbelebung und zukünftigen Einhaltung »ethischer« Grundwerte eintreten und danach pflichtbewußt handeln.

* weil notwendige Veränderungen viel »Mut« als sittliche Haltung erfordern, sind solche Persönlichkeiten auszuwählen, die uneigennützig, unabhängig und sachkundig beraten und dazu bereit sind, auch unpopuläre Entscheidungen zu treffen, anstatt sich um unangenehme »Wahrheiten« herumzumogeln und die nicht befürchten müssen, sich durch freimütige Äußerungen selber zu schaden.

* weil zwar jeder Jurist lernt, daß Gesetzte nur nachvollzogene moralische Regeln aus dem vorstaatlichen Raum sind, die Moral sich ständig mit der Gesellschaft ändert und somit Gesetzte nachhinein angepaßt oder abgeschafft werden, sind aber die zu wählenden Persönlichkeiten als Mitglieder der Regierung dazu bevollmächtigt und verpflichtet, die moralischen »Regeln« unveränderbar zu fixieren und danach gerechte und zu-

WIR
DIE WIR SIND - WIE WIR SIND
die Menschen auf dem Planeten Erde
haben als Weltbürger erkannt und stellen zur Diskussion
daß ein

RAT FÜR GLOBALE REGIERUNGEN

folgende Aspekte beachten sollte :

Artikel VII.1

WEISHEITSFORDERUNG

**In der Erkenntnis,
daß die Politik das Schicksal der Menschheit
zukünftig mit mehr Weisheit lenken muß,
sind nur solche Persönlichkeiten
in die Parlamente und Regierungen zu wählen,
die über die dazu notwendigen
Eigenschaften und Fähigkeiten verfügen.**

kunftsweisende Gesetze zu erlassen, ohne wertlose Kompromisse.

Wenn man sich über bedenkliche Verhältnisse zu beraten hat,
muß jeder von Haß und Gunst,
Erbitterung und Mitleid frei bleiben.
Nicht leicht ersieht der Geist das Richtige,
wenn ihm jene im Wege stehen ;
und noch hat kein Mensch
der Leidenschaft und dem wahren Vorteile
zugleich Gehör geschenkt.
Erhält man dem Geiste seine Spannkraft, so ist er stark ;
hat ihn die Leidenschaft im Besitze,
so herrscht SIE, und der Geist ist schwach !

Um 40 vor Christus notierte der bedeutende römische Historiker **Sallust**[1] diese Gedanken. Er war ein Anhänger der Volkspartei, wir sind die Gefolgsleute vom »World Citizen Movement«. *„Nicht leicht ersieht der Geist das Richtige"* betonte Sallust, und weil das so ist, und weil unsere Welt mit erschreckend wenig Weisheit regiert wird, ist mit allen Mitteln dafür zu sorgen, daß endlich die Vernunft in unsere Parlamente einzieht.

„Unsere Stammesältesten sagen :
Trefft niemals eine Entscheidung,
ohne daß eure Frauen und Kinder dabei sind" !

lautet ein Spruch von **Häuptling Wailaki** vom Stamm der Coyote-Indianer in Kaliforniern und wir ergänzen mit den Worten : *„Trefft niemals eine Entscheidung, ohne daß weise Persönlichkeiten dabei sind !"*

Aus der Klugheit erwachsen drei Früchte :
Wohl denken, wohl reden, recht handeln !

Diesem Spruch von **Demokrit**[1], den der griechische Naturforscher, Mathematiker, Astronom, Sprachgelehrter, um 400 vor Christus prägte, ist nichts hinzuzufügen. Demokrit entwickelte die Lehre vom Atom, wir bemühen uns darum, die Lehre der Demokratie mit mehr Weisheit zu gestalten, wozu wir unseren Charta-Artikel zur Diskussion vorlegen.

-- * --

Kapitel VIII
WIR UND DIE STAATEN
die sich die Völker selbst gestalten

Lieber Mitbewohner unserer Erde

Stellen wir unserem achten Kapitel sogleich die Worte von **Peter Rosegger**[3] voran, die der autodidaktische Voksschriftsteller aus der Steiermark im Jahre 1900 publizierte :

Der Kulturmensch kann nur bestehen
und sich vervollkommnen,
wenn er auf festem Boden steht.
Und daß der Boden, der Heimatboden,
ewiges Eigen eines und desselben Volkes bleibe,
darum handelt es sich vor allem im Weltkampfe !

Diesen Aspekt haben wir schon ausführlich in dem Essay »NATIONEN - wozu eigentlich ?« beleuchtet und registriert, daß in diesem *„Weltkampfe"* viele Völker unübersehbar weltweit um ihre Eigenständigkeit ringen. Jetzt geht es uns darum, im Zusammenhang mit dem zu bildendem »Rat für Globale Regierungen« zu erörtern, daß »ALLEN« Völkern nicht mehr verwehrt werden darf, zur Führung ihrer Staaten »selbstständige Regierungen« demokratisch zu bilden.

Es dürfte leicht einzusehen sein, daß jedes Volk nur im »eigenen« Lande auf der Basis eigenständiger kultureller Prägung »Inneren Frieden« gewinnen kann und daß durch gewährte Unabhängigkeit auch Aggressionstriebe gegen Unterdrücker und »Feinde« ringsum ihren Auslöser verlieren und somit mehr Garantie auch für den »äußeren Frieden« zu erreichen ist.

Der Mensch soll nicht Allerwelts Kind,
der Mensch soll das Kind seiner Heimat sein.
Und dort soll er zu Hause sein !

Um das Jahr 1923 notierte diesen Satz **Knut Hamsun**[3], der skandinavische Schriftsteller und Nobelpreisträger von 1920, der fast erblindete und taub gewesen ist.

Die Verbundenheit zur »Heimat«, *„das Kind seiner Heimat sein"*, ist zweifellos im Gemüt der Bevölkerung eines Landes fest verankert und lebt von Generation zu Generation weiter, auch wenn das manche sogenannte »moderne« Menschen nicht mehr zugeben wollen, aber dennoch

93

unterbewußt empfinden. Wenn die jeweiligen grundlegenden gesellschaftlichen Strukturen nicht geachtet werden, verliert die Gesellschaft eines Staates ihre Wurzeln und verfällt. Auch das ist eine Tatsache, die von den Regierenden stets im Interesse der Gemeinschaft zu beachten ist, soll Zukunft lebenswert gestaltet werden.

Natürlich ist ein Staat nicht nur der »Bewahrer« von »Volkskultur« und somit die geistige und »gefühlsbetonte« Heimat seiner Bürger, ein Staat hat viel mehr in dem Weltkonzert der vielen anderen nachbarlichen Staaten friedlich mitzuspielen und seine ihm zustehende globale Rolle »vernünftig« und weltoffen zu gestalten.

Der Wert eines Staates ist schließlich
doch nur der Wert der Individuen, die ihn bilden.
Ein Staat, der seine Menschen zu Zwergen macht,
damit sie fügsamere Werkzeuge in seinen Händen werden,
wobei er keinen Unterschied macht,
ob das für gute oder schlechte Dinge geschieht,
ein solcher Staat wird einsehen müssen,
daß man mit kleinen Menschen
keine großen Aufgaben verrichten kann !

Dieses Zitat von **John Stuart Mill**[3], gelehrtes Wunderkind, Beamter der Ostindischen Kompagnie und Mitglied des englischen Unterhauses, aus dem Jahre 1859 fügen wir hier ein mit der Betonung auf *„der Wert der Individuen, die ihn bilden"*, die den Wert ihres Staates eben nur dann bereichern können, wenn sie nicht *„fügsame Werkzeuge in seinen Händen"* sind, wenn sie zur Einhaltung »ethischer Werte« herangebildet werden.

Dir, lieber Bürger eines Staates, sollte genauso wie uns bewußt sein, daß die Form der Regierung einem Staat nicht vorgeschrieben werden kann, daß es aber wohl sinnvoll und manchmal auch notwendig ist, beratend bei der Gestaltung der regierenden »Macht« mitzuwirken, um Wiederholungen von volksschädlichen »Herrscher-Strukturen« zu vermeiden, die keiner mehr will. Bei manchen Völkern bestimmen überlieferte Traditionen den Führungsstil und die »Struktur der Regierung« oftmals zum Wohle der Bevölkerung, wie wir wohl einzukalkulieren wissen, aber auch dann ist darauf zu achten, daß nicht etwa doch gegen Menschenrechte und Menschenwürde verstoßen wird und daß die »Staats-Regierungen« uneingeschränkt nach demokratischen Prinzipien handeln.

Wenn man sich dem Neuen zuwendet, wird man immer einiges vom Alten abstreifen müssen, was selbstverständlich auch für »Staats-Entwicklung« zutrifft. Wenn aber Länder, die sehr schnell emporschießen, industrialisiert und »modern« werden wollen, laufen sie stets Gefahr einen Teil ihrer alten sozialen Strukturen oftmals zum Nachteil zu verlie-

WIR
DIE WIR SIND - WIE WIR SIND
die Menschen auf dem Planeten Erde
haben als Weltbürger erkannt und stellen zur Diskussion
daß ein

RAT FÜR GLOBALE REGIERUNGEN

folgende Aspekte beachten sollte :

Artikel VIII.1

REGIERUNGSSYSTEME

**In der Erkenntnis,
daß viele Völker ihren Traditionen folgend
eigenständige Regierungs-Systeme bewahren,
sind diese dann zu tolerieren,
wenn nicht
gegen Menschenrechte und Menschenwürde
verstoßen wird.**

Artikel VIII.2

REGIERUNGSGESTALTUNG

**In der Erkenntnis,
daß die rasant fortschreitende Veränderung der Welt
alle Völker unvermeidbar beeinflußt,
sind in Zusammenarbeit mit dem
RAT FÜR GLOBALE REGIERUNGEN
Beratung und Hilfe
zur demokratischen Regierungsgestaltung
anzubieten und durchzuführen.**

ren, was die Regierungen bei ihren Entscheidungen in jedem Fall berücksichtigen sollten.

Ein wohlregierter Staat ist die großartigste Einrichtung,
denn alles ist darin beschlossen :
gedeiht er, gedeiht alles,
stürzt er zusammen, stürzt alles zusammen !

Damit zitieren wir ein zweites mal **Demokrit**[1] in der Hoffnung, daß
künftig *„wohlregierte Staaten"* das Weltgeschehen formen.

Unser Vorschlag zur sinngemäßen Gestaltung diesem Kapitel entspre-
chender Artikel für eine »Charta der Vereinten Völker«, zielt selbstverständlich nicht in Richtung einer »Weltregierung«, im Gegenteil, nur die
Verwirklichung des »Föderalismus-Prinzips« hat eine Chance unsere Welt
zu befrieden.

-- * --

Kapitel IX
WIR UND DER FÖDERALISMUS
der allein friedliche Zukunft schaffen kann

Lieber Mitbewohner unserer Erde

Wir haben in dem Essay über »NATIONEN« ausführlich geschildert, daß dort, wo sich das Leben der Menschen tagtäglich abspielt, weitestgehende Selbstbestimmung gewährt werden muß, Zentralismus ist unerträglich und schmälert das Wohlbefinden der Bevölkerung.

Des Menschen größtes Verdienst bleib wohl,
wenn er die Umstände soviel als möglich bestimmt
und sich so wenig als möglich von ihnen bestimmen läßt !

Das sagte **Johann Wolfgang von Goethe**[4] im Jahre 1795, der deutsche Dichter, Forscher, Denker, Staatsdiener, der zum Inbegriff einer vollendeten Persönlichkeit geworden ist. Aus seinem Zitat wollen wir die Worte *„die Umstände soviel als möglich bestimmt"* herausgreifen, um wiederholt zu unterstreichen, daß zukünftig den Völkern »Selbstbestimmung« zu gewähren ist, sollen endlich Vernunft und Frieden die Welt regieren.

Zentralismus schafft eine unangebrachte willkürliche Konzentration von Macht, die nicht dazu geeignet ist, lokale und regionale Bedürfnisse der Menschen angemessen zu regeln, sondern eher Bevormundung und Unterdrückung von örtlichen Gemeinschaften bewirkt und dadurch Widerstand der Betroffenen hervorruft. Das ist sicherlich auch Dir, dem Mitbetroffenen, völlig klar. Allein föderalistisch organisierte Systeme autonomer Gruppen sind dazu geeignet, lokale und regionale Zufriedenheit zu schaffen und somit Frieden zu stiften.

Dem oft gehörten Einwand, Föderalismus bildet unüberschaubare »Kleinstaaterei«, halten wir entgegen, daß dies vielmehr genau das richtige System zur Selbstbestimmung ist, um Konflikte zu verringern und daß dadurch der zweifellos auch notwendige globale Einfluß eben nur noch auf die den Staaten übergeordneten Angelegenheiten beschränkt wird. Schließlich diente die bisherige Diffamierung und Ablehnung der »Kleinstaaterei« vorwiegend als Ausrede lediglich dazu, um nationale Großmacht zu gewinnen und zu rechtfertigen.

Nicht zuletzt vertreten wir die Ansicht, daß Zentralismus nicht nur hohe Kosten verursacht, viel Personal mit Machtgelüsten verschlingt und die Korruption fördert, sondern auch kulturelle »Verarmung« bewirkt, die bereits weltweit unerträglich geschieht.

WIR
DIE WIR SIND - WIE WIR SIND
die Menschen auf dem Planeten Erde
haben als Weltbürger erkannt und stellen zur Diskussion
daß ein

RAT FÜR GLOBALE REGIERUNGEN

folgende Aspekte beachten sollte :

Artikel IX.1

FÖDERALE SYSTEME

**In der Erkenntnis,
daß zentralistische Machtkonzentration
örtliche Entwicklungen behindert und nur Föderalismus
das Selbtbewußtsein der Völker fördert,
sind die Staaten föderalistisch zu organisieren
und die Regierungen
auf lokaler Ebene zu stärken.**

Der Text stammt aus der berühmten Sammlung orientalischer Erzählungen genannt »**Tausendundeine Nacht**«[2], die im 9. bis 15. Jahrhundert zusammengetragen worden ist.

Beziehen wir die Worte *„den Späteren zu einer Lehre"* und daß man *„sich warnen lasse"* auf unser Thema Föderalismus, dann bedeutet das schlicht und einfach, zu lernen und zu beherzigen, daß *„die Geschichte der vergangenen Völker"* gezeigt hat, wie die Menschen in zumeist gewaltsam zusammengeschweißten Staatsgebilden unter zentralistischer Herrschsucht zu leiden hatten. Das darf nur noch Geschichte sein, weswegen sich unser vorgelegter Charta-Artikel nach diesen Erkenntnissen richtet.

-- * --

Kapitel X
WIR UND DIE WELTSTRUKTUR
die das Zusammenleben fördern soll

Lieber Mitbewohner unserer Erde

Daß die Länderein, die von den Menschen bewohnt werden, in dem heutigen Zeitalter humaner Entwicklung mit sozialer Verantwortung zu gestalten sind und daß der Bevölkerung Eigenverwaltung zu gewähren ist, haben wir ebenfalls in den bereits genannten Essays schon sehr eingehend beschrieben. Stellen wir trotzdem die von uns bevorzugte föderalistische Struktur nochmals dar :

WELTBÜRGER * FAMILIE
Du gestaltest Dein und Deiner Familie Privatleben

KOMMUNE * Dorfgemeinde - Stadtteil
Der Gemeinderat beschließt alle
Angelegenheiten der örtlichen Gemeinschaft

LANDKREIS * STADTKREIS
Der Kreis- oder Stadtrat beschließt nur
Angelegenheiten der Einwohner seines Breiches

STAAT * Bundesland - Volk
Das Parlament des Staates beschließt nur
Angelegenheiten des Volkes in seinem Staat

STAATENBUND * Nation - Bundesrepublik
Das Parlament des Bundes beschließt nur
überregionale Angelegenheiten der Staaten

ALLIANZ * regionaler Staaten
Der Rat einer Allianz beschließt nur
gemeinsame Angelegenheiten der Mitglieder

UNION * kontinentaler Staaten
Das Parlament einer Union beschließt nur
gemeinsame Angelegenheiten der Mitglieder

VEREINTE VÖLKER * Vereinte Nationen
Das Welt-Parlament beschießt nur
Angelegenheiten die alle Staaten betreffen

Leicht ist zu entdecken, daß diese Aufteilung keinesfalls neu ist, aber noch nicht überall als bestens geeignet genutzt wird. Im Gegenteil muß leider festgestellt werden, daß die »Herrschenden« zur Festigung ihrer Macht allzugern föderalistisches Streben untergraben.

Bei weitem die größte und schönste Weisheit ist die,
die sich in der Ordnung der Städte und Haushaltungen zeigt
und die die Namen Besonnenheit und Gerechtigkeit trägt !

Auch diese Zeilen stammen von **Platon**[1], die er um das Jahr 384 vor Christus aufgeschrieben hat und wir erweitern seinen Text indem wir *„der Ordnung der Städte und Haushaltungen"* die »Staaten« hinzufügen und fordern für deren Gestaltung ebenfalls *„Besonnenheit und Gerechtigkeit"* als Maxime für jetzt und alle Zeiten.

Betrachten wir erneut, wie schon in den Essays über den »Rat für Globale Staaten« und den »Rat für Globale Bevölkerung« in allen Einzelheiten geschehen ist, die verschiedenen Positionen unserer föderalistischen Struktur :

* Erst einmal ist die simple Tatsache festzuhalten, daß der Mensch irgendwo in irgendeiner Behausung Unterschlupf finden muß, vom hochtechnisierten Wolkenkratzer bis hin zu einem schräg gestellten Stück Wellblech als Dach über dem Kopf, und daß in dieser Struktur der Besiedelung dort, wo menschenunwürdige Verhältnisse herrschen, sozialer Sprengstoff schon jetzt tagtäglich explodiert und in Zukunft gewaltige Erruptionen zu erwarten sind.

* Die jeweilige Behausung wiederum, auch das ist logisch, steht irgendwo in irgendeiner dörflichen Gemeinde, einem Stadtteil bis hin zu einer Müllhalde, als der Kommune am bodenständigen Anfang der Landes-Struktur, als dem Hort der Verständigung wo sich das Leben abspielt.

* Die kleine örtlich organisierte kommunale Gemeinschaft wiederum muß irgendwo zu irgendeinem Land- oder Stadtkreis lebensnotwendige Beziehungen unterhalten und will auch im dortigen Rat über eigene Angelegenheiten mitbestimmen.

* Die größeren Einheiten einer Gemeinschaft wiederum befinden sich irgendwo in irgendeinem geographisch begrenztem Land, das ein Volk zwar zu einer politisch autonomen Einheit als seinen demokratisch geführten Staat zu formen hat, daß aber die lokal und regional sehr unterschiedlichen Angelegenheiten zweckmäßigerweise nur örtlich von unabhängigen Räten und Parlamenten angemessen zu regeln sind.

Soweit, so wahr und mit keinem gegenteiligen Argument zu bestreiten, wie eigenes Erleben in Fülle beweist.

WIR
DIE WIR SIND - WIE WIR SIND
die Menschen auf dem Planeten Erde
haben als Weltbürger erkannt und stellen zur Diskussion
daß ein

RAT FÜR GLOBALE REGIERUNGEN

folgende Aspekte beachten sollte :

Artikel X.1

WELTSTRUKTURGESTALTUNG

In der Erkenntnis,
daß sich die Menschen und Völker auf Erden
zu weiteren Bündnissen regional und weltweit
zusammenschließen müssen und werden
sind politische Strukturen zu schaffen,
die dazu geeignet sind,
die Parlamente und Regierungen
demokratisch im Rahmen der
Charta der VEREINTEN VÖLKER
unabhängig und freiheitlich zu organisieren.

*Im wahren Sinne des Wortes gibt es
keine auswärtigen Angelegenheiten mehr,
sie sind zu Weltfragen geworden !*

Das stellte **König Hussein**[2] von Jordanien um 1959 fest und bezogen auf unser Thema »WELTSTRUKTUR« ist die wichtigste der *„Weltfragen“*, daß die heutige, im Laufe der Weltgeschichte entstandene Struktur der Völker, Staaten, Nationen und Bündnisse, der globalen demokratischen Entwicklung mit mehr überregionalem Gemeinsinn angepaßt werden sollte und muß, denn wegen der weltweiten Verflechtung in allen Bereichen, und weil Luft, Wasser und Klima grenzüberschreitend die Lebensgrundlage für alle Menschen bilden, kann kein Staat unabhängig vom globalen System existieren, was die Bildung von weltweiten föderalistischen Bündnissen zur Existenzsicherung geradezu herausfordert.

Schließlich ist einleuchtend, daß sich die Staatenbündnisse zur Wahrung des Weltfriedens und der Lebensgrundlagen in jedem Kontinent auf Erden regional zu einer Union autonomer Völker und deren Staaten zusammenschließen müssen. Und letztendlich werden alle gleichberechtigten Staaten zwar die globale Gemeinschaft der »Vereinten Völker« verstärkt anstreben, aber nach dem Grundsatz »global vereint und trotzdem autonom« keine »Weltregierung« bilden, Föderalismus ist angesagt und nicht »ALLES« und »ALLE« beherrschende »Zentralgewalt«.

*Reiner Wahrheitssinn bildet sich in engen Kreisen,
und reine Menschenweisheit
ruhet auf dem festen Grund der Kenntnis
seiner nähesten Verhältnisse und der
ausgebildeten Behandlungsfähigkeit
seiner nähesten Angelegenheiten !*

Johann Heinrich Pestalozzi[3], schweizer Gründer von Kinder- und Lehrerbildungsanstalten brachte seine Ansicht im Jahre 1779 zu Papier. Seine Worte *„Reiner Wahrheitssinn bildet sich in engen Kreisen“* beziehen wir in Verbindung mit unserem Thema auf die einzelnen in sich geschlossenen parlamentarisch geführten »engen« Einheiten, in der Hoffnung, daß die Betrachtung der *„nähesten Angelegenheiten“* ständig zu mehr *„Menschenweisheit“* führt. Lassen wir abschließend nochmals **Bernhard Shaw**[3] zu Wort kommen, der im Jahre 1921 erkannte :

*Wir werden nicht
durch die Erinnerung an unsere Vergangenheit weise,
sondern durch die Verantwortung für die Zukunft !*

Darauf voll und ganz vertrauend folgt unser weiterer Vorschlag für einen Charta-Artikel.

--*--

Kapitel XI
WIR UND DIE REGELN
die als Basis zu befolgen sind

Lieber Mitbewohner unserer Erde

Du und wir und Alle wissen aus Erfahrung, daß die Menschen ohne klar deffinierte Regeln nicht dazu in der Lage sind, friedliche und gerechte Gemeinschaften zu bilden und deshalb fordern wir, daß die politischen Verfassungen jeder Art die ethischen Grundsätze der »Charta der Vereinten Völker« in allen Fragen der Rechte und Pflichten als verbindlich für alle Bürger wiederspiegeln müssen.

Regeln zu befolgen, muß gelernt werden und somit ist es angebracht einen Spruch des weltbekannten griechischen Gelehrten und seinerzeit einflußreichsten Philosophen **Aristoteles**[1] voranzustellen, den er um das Jahr 330 vor Christus verfaßt hat :

Das wichtigste aller Verfassungselemente
ist die heute überall vernachlässigte Erziehung der Jugend
im Sinne und Geiste der Verfassung.
Die heilsamsten Gesetze nützen gar nichts,
wenn die Bürger nicht im Geist der Verfassung
an sie gewöhnt und gebildet wurden !

Also tragen wir im Sinn von Aristoteles dazu bei, daß zukünftig nur noch *„im Geist der Verfassung"* regiert werden kann.

Mehr als bisher ist hervorzuheben, daß ein Volk in einer demokratischen Gesellschaft zwar der Souverän ist und alle paar Jahre zur Wahl gehen darf, aber im politischen Tagesgeschehen doch nichts bewirken kann, und deshalb die Verfassung die einzige Möglichkeit zur Sicherung des Volkes vor Machtmißbrauch durch die jeweils Herrschenden bietet.

Stellen wir deutlich klar, daß letztendlich nur Gesetze, die auf der Verfassung beruhen, die Menschen zur Einhaltung der Regeln zum Wohle der Gemeinschaft zwingen können, denn keiner kann gesetzlich fixierte Paragraphen ungestraft umgehen.

Bringen wir den »Gesetzes-Machern« vermehrt zu Bewußtsein, daß nur menschenfreundliche Verfassungen und daraus abgeleitete gerechte Gesetze dazu geeignet sind, den Gemeinsinn der Bevölkerung zu stärken. Bringen wir das »Volk« vermehrt zur Erkenntnis, daß »sinnvolle« Gesetze als »lebensnotwendig« zu werten sind.

WIR
DIE WIR SIND - WIE WIR SIND
die Menschen auf dem Planeten Erde
haben als Weltbürger erkannt und stellen zur Diskussion
daß ein

RAT FÜR GLOBALE REGIERUNGEN

folgende Aspekte beachten sollte :

Artikel XI.1

VERFASSUNGSGRUNDSATZ

**In der Erkenntnis,
daß nur Gesetze die Menschen
zur Einhaltung von Regeln verpflichten können,
sind die Verfassungen jeder Art
auf dar Basis der ethischen Grundsätze
der CHARTA der VEREINTEN VÖLKER
in allen Fragen der Rechte und Pflichten
als verbindlich für alle Bürger zu gestalten.**

Wenn die in einer Verfassung
verkörperten Grundsätze des Staates
zum toten Buchstaben geworden sind,
ist der Staat in Gefahr.
Wie idealistisch und glänzend eine Verfassung auch sein mag,
wenn ihre oberen und unteren Glieder,
also das Volk,
sie nicht im Alltag praktisch anwenden,
so wird die Verfassung früher oder später
ihren verpflichtenden Charakter verlieren !

Diese Feststellung aus dem Jahre 1958 stammt von dem japanischen Staatsmann **Mamoru Shigemitsu**[2] der im Zweiten Weltkrieg Japans Kapitulation unterzeichnete.

Sorgen wir dafür, daß die *„Grundsätze des Staates"* nicht *„zum toten Buchstaben"* werden, sondern *„im Alltag praktisch"* Anwendung finden, denn sonst ist nicht nur *„der Staat in Gefahr"*, auch seine Bürger wären ohne eine »vernüftig« gestaltete Verfassung schutzlos ausgeliefert. Wir meinen, daß unsere Artikel-Vorschläge für eine »Charta der Vereinten Völker« zukünftige Verfassungen befruchten könnte und sollte.

-- * --

Kapitel XII
WIR UND DIE FÜHRUNG
ohne die nichts funktioniert

Lieber Mitbewohner unserer Erde

Es ist keine offene Frage, wie jeder längst selbst erfahren hat, daß ohne »Führung« nichts funktioniert, schon gar nicht solch ein kompliziertes, vielfältig strukturiertes Gebilde wie ein Staat. Jeder weiß ebenso, daß viele Arten von »Führungstypen« auf sehr unterschiedliche Art und Weise die »Untergebenen« entweder mit kluger Hand verständnisvoll und vorbildhaft »leiten« oder aber charakterlos »drangsalieren«. Uns kommt es darauf an, daß die gewählten »Staats-Führer« nicht mehr wie allmächtige Herrscher »diktieren« oder gar ein Volk »verführen« dürfen, was wir schon oft erschaudernd erleben mußten.

Lesen wir dazu, was **Demosthenes**[1] im Jahre 330 vor Christus ausrief, der als der größte Redner der Antike und als leidenschaftlicher Freiheitskämpfer geachtet wurde, aber trotzem zur Flucht gezwungen in einem Tempel Selbstmord beging :

Was kann man vom Redner verlangen ?
Daß er die Dinge im Entstehen erkenne,
voraussehe und den anderen voraussage !
Auch daß er
Schwerfälligkeit, Zaudern, Unverstand, Zwistigkeit, Mängel,
die allen Staaten gemeinsam und unvermeidlich sind,
nach Möglichkeit unschädlich mache
und dagegen
Gemeinsinn, Eintracht und Pflichteifer erwecke !

Führer sind zumeist starke Redner, wir hören sie ja tagtäglich in den Medien, und umso einprägsamer sie öffentlich zu palavern verstehen, umso eher erklettern sie die Stufen zur Macht. Wir aber verlangen mit Demosthenes von einem »Anführer« daß er anstatt inhaltslosem Wortschwall, *„die Dinge im Entstehen erkenne, voraussehe und den anderen voraussage"* und natürlich auch selbst danach handle. Wir fordern sogar, daß die gewählten Persönlichkeiten in den Parlamenten ständig die Fähigkeiten zur unabhängigen politischen Führung nach den ethischen Grundsätze der »Charta der Vereinten Völker« vorzuweisen haben.

Nicht nachbedenken, sondern vorbedenken
soll der weise Mann !

WIR
DIE WIR SIND - WIE WIR SIND
die Menschen auf dem Planeten Erde
haben als Weltbürger erkannt und stellen zur Diskussion
daß ein

RAT FÜR GLOBALE REGIERUNGEN

folgende Aspekte beachten sollte :

Artikel XII.1

FÜHRUNGSKONTROLLE

**In der Erkenntnis,
daß die gewählten Regierungen
das Wohlergehen der Gemeinschaften lenken,
ist darauf zu achten,
daß die Abgeordneten in den Parlamenten
die Fähigkeiten
zur unabhängigen politischen Führung
nach den ethischen Grundsätze
der Charta der VEREINTEN VÖLKER
vorzuweisen haben und stets danach handeln.**

Das ist es, genau das, was **Epicharm**[1] um 500 vor Christus festschrieb und was wir unseren »Führern« in die Köpfe eingravieren sollten. Epicharm war zwar vorübergehend am Hofe Hierons I. von Syrakus »nur« Lustspieldichter, aber was soll's, es hat ihn nicht daran gehindert, diesen klugen Spruch von sich zu geben.

Wir jedenfalls werden von nun an darauf achten, daß nur solchen Politikern die Macht übertragen werden darf, die nicht nur die Kompetenz und den Mut zur Lösung auch unpopulärer Probleme besitzen und als oberstes Gebot die Pflicht zur Wahrheit einhalten, sondern denen man auch volles Vertrauen schenken kann, und das nicht nur, weil die Moral des Volkes wesentlich von Vorbildern und Vordenkern abhängt und wenn diese nicht stets präsent sind, die Befolgung ethischer Werte von der Masse der Bevölkerung als den »Untergebenen« nicht erwartet werden kann.

Die Zukunft der Gesellschaften ist schließlich davon abhängig, daß es gelingt, individuelle Lebens-Planung und Führungs-Autorität in ein wirksames Gleichgewicht zu bringen. Es kann keinesfalls mehr akteptiert werden, daß Abgeordnete auch weiterhin ihre Position, wie vielfach geschehen, ungestraft zum Machtmißbrauch und zur unrechtmäßigen Bereicherung ausnutzen.

Man beschuldigt die Parteiführer häufig,
ohne Überzeugung zu handeln ;
die Erfahrung hat mir gezeigt,
daß dies viel seltener der Fall ist, als man denkt.
Sie besitzen lediglich
die wertvolle und in der Politik manchmal unerläßliche Gabe
ihre Überzeugungen ihren augenblicklichen
Begierden und Interessen anzupassen,
und gelangen so dazu,
auf verhältnismäßig anständige Weise
ziemlich unehrenhaft zu handeln !

Zweifellos eine sehr raffinierte Formulierung, die der französischer Politiker, Abgeordnete und Außenminister mit Namen **Alexis de Tocqueville**[3] im Jahre 1850 wählte. Die Schlußzeile *„auf verhältnismäßig anständige Weise ziemlich unehrenhaft zu handeln"* besagt doch wohl unmißverständlich, was nicht mehr sein darf *„Begierden und Interessen"* auf Staatskosten zu befriedigen.

Es wird sich zwar niemals gänzlich vermeiden lassen, daß total ungeeignete, charakterlose Personen in die Parlamente gelangen, beobachten wir deshalb zukünftig umso aufmerksamer, das unsere entworfernen Charta-Artikel zur Wirkung gelangen.

-- * --

Kapitel XIII
WIR UND DAS BEAMTENTUM
das nicht mehr zeitgemäß ist

Lieber Mitbewohner unserer Erde

Wer hat das nicht schon mehr als einmal erlebt, daß er von einem Beamten spürbar als »Untertan« der Macht behandelt worden ist, so wie es sich für einen Staatsdiener geziemt, denn schließlich gehört ja dieser verbeamtete Mensch unübersehbar zu einer bevorzugten »Klasse von Über-Bürgern«, die für die Gestaltung amtlich organisierten Lebens von amtswegen zuständig ist.

Was wohl wäre ein »fürstlicher Herrscher« für eine jämmerliche Gestalt gewesen, hätte er nicht seine willigen »Vollzugsbeamten« für jeden Zweck, beispielsweise als Steuer-Eintreiber und als Soldaten-Rekrutierer, auf »sein Volk« wie scharfe Hunde loslassen können. Seit jeher, das weiß ja schließlich jeder, sind die Diener der Mächtigen dazu benutzt worden, um den jeweils Herrschenden ihre absolute Macht bedingungslos, pflichtbewußt und treu ergeben zu sichern und das taten sie selbstverständlich gern, denn als Gegenleistung für die stets willige Gefolgschaft durften sie einem hierarchischen System angehören, das mit Privilegien beschenkt wurde, sie waren »WER« und »MEHR« als die anderen Untertanen im Reich der adligen Diktatoren. Das war auch schon **Cicero**[1] sonnenklar als er im Jahre 44 vor Christus vermerkte :

Die eigentliche Aufgabe des Beamten ist,
sich bewußt zu sein,
daß er die Rolle des Staates spielt.
Er muß dessen Würde und Ansehen vertreten,
die Gesetze wahren, die Rechtsansprüche abgrenzen
und eingedenk sein,
daß sie seiner Verläßlichkeit anvertraut sind !

Auch noch heutzutage ist dem Beamten bewußt *„daß er die Rolle des Staates spielt"* und ebenfalls auch noch heutzutage genießt der dem Staate Dienende erhebliche Privilegien, was allerding den Mit-Bürgern nicht mehr so recht einleuten will.

Ordnung muß sein und es muß auch Menschen geben, die vielfältige Aufgaben im Auftrage der Regierungen erledigen, darüber ist nicht zu diskutieren, wohl aber darüber, daß die von staatswegen rekrutierten Beamten auch dann noch die Anweisungen der Regierung als ihrem Arbeitgeber gehorsamspflichtig befolgen, wenn diese von den Herrschen-

den geforderten Maßnahmen offensichtlich nicht dem Wohle der Gemeinschaft dienen. Das darf nicht sein und ebenso nicht, daß der Beamtenstatus als ein Freibrief für »Willkür von oben« verkannt wird, wenn eine ziemlich große Zahl von Beamten ihre Macht, und sei sie noch so klein, sehr oft zur unwürdigen Behandlung von Menschen ausnutzt, dann kann von Beamten als den Dienern des Staates und somit des Volkes nicht die Rede sein.

*Die alten Könige brachten
Sitte und Gerechtigkeit in feste Form.
Sie unterschieden zwischen
dem Edlen und dem Niedrigen,
dem Älteren und dem Jungen,
dem Intelligenten und dem Dummen,
dem Fähigen und dem Unfähigen
und richteten es so ein,
daß jeder seine besondere Funktion ausübte
und dem ihm gemäßen Platz erhielt.
Das Einkommen des Einzelnen
entsprach seiner Stellung.
So muß man es machen, wenn die Menschen
in Harmonie und Einigkeit leben sollen !*

Hsün-Tse[2], konfuzianischer Philosoph und hoher chinesischer Beamter, wußte bereits im 3. Jahrhundert vor Christus, was Sache zu sein hat, als er vorgenannten Text aufzeichnete. *„Sitte und Gerechtigkeit in feste Form"* bringen, *„so muß man es machen, wenn die Menschen in Harmonie und Einigkeit leben sollen"* resumierte Hsün-Tse seine Ansicht über die Rollenverteilung für die *„Fähigen und die Unfähigen"*.

Gut so, meinen auch wir, nur kann es bekanntlich geschehen, daß sich gerade die *„Fähigen"* dann in *„Unfähige"* im Sinn von Staats-Dienern verwandeln, wenn sie ihre Macht mißbrauchen, wenn Beamte in lukrative Parteikungelei verwickelt sind oder die ihnen zustehenden Machtbefugnisse zur Bereicherung und Korruption ausnutzen, was nicht gerade selten zum Schaden der Gemeinschaft rücksichtslos und manchmal auch geradezu grenzenlos geschieht[6].

Die Medien berichten nahezu tagtäglich über Skandale in die auch Beamte verwickelt sind, über schier unglaubliche Vetternwirtschaft, Selbstbedienung und Betrug. Nur dank unbestechlicher Journalisten wird offenbar, wie Politiker und Beamte skrupellos mit vereinten Kräften die bösen Machenschaften des verdorbenen Systems geschickt herunterspielen und zu vertuschen versuchen. Was Wunder, daß die Allgemeinheit längst das Vertrauen in die Amtsbürokratie verloren hat und Änderungen fordert.

WIR
DIE WIR SIND - WIE WIR SIND
die Menschen auf dem Planeten Erde
haben als Weltbürger erkannt und stellen zur Diskussion
daß ein

RAT FÜR GLOBALE REGIERUNGEN

folgende Aspekte beachten sollte :

Artikel XIII.1

BEAMTENSYSTEM

**In der Erkenntnis,
daß die Beamten als treue Gehilfen
zur Machterhaltung
ohne Widerspruch verpflichtet sind,
ist dieses nicht mehr zeitgemäße System
des Beamtentums
mit allen seinen ungerechtfertigten Privilegien
abzuschaffen.**

Artikel XIII.2

BEAMTENVERWENDUNG

**Die bisher als Beamten tätigen Personen
erhalten je nach Befähigung neue Aufgaben
als angestellte Mitarbeiter
in einem neuartig zu gestaltenden
Regierungs- und Verwaltungssystem.**

Um das Jahr 1575 herum verfaßte der chinesische Schriftsteller **Wu Cheng-en**[2] den bemerkenswerten Satz, dem nichts hinzuzufügen ist, der aber noch mehr an Gewicht gewinnt, wenn man bedenkt, daß der heutige verbeamtete, aufgeblasene Bürokratismus einen gigantischen Verwaltungskoloss gezeugt hat mit einem ganzen Heer von Cheng-en's *„Vollziehungsbeamten"*, der den Bürgern sehr teuer zu stehen kommt.

In einigen Ländern wird schon längst eine Änderung des Beamten-Systems gefordert, auch von manchen »Staats-Dienern« selbst, die beispielweise beklagen, daß eine »Beförderung« nach »Dienstjahren« und nicht nach »Leistung« erfolgt.

Auch sind zahlreiche überlieferte Privilegien nicht einzusehen, die dem »Normalbürger« nicht zustehen, wie »garantierte Arbeit auf Lebenszeit« und »Staats-Rente« ohne eigene Leistung in die Renten-Kasse der Allgemeinheit.

Das selbstherrliche Beamtentum ist zweifellos ein Relikt aus »fürstlichen« Zeiten, das in der alten Form abzuschaffen und in »normal übliche« Arbeitsverhältnisse umzuwandeln ist. In unserem Essay über das »KAPITAL« haben wir zudem beschrieben, welche völlig neuartige Tatigkeit »Mitarbeiter« des »Staates ohne Steuern« zukünftig ausüben könnten und sollten.

In unserem vorliegendem Kapitel beschränken wir unseren Vorschlag für die »Charta« auf die Modernisierung der »Regeln« der für den Staat tätigen Personen.

--*--

Lieber Mitbewohner unserer Erde

Wenn wir nun abschließend in die Zukunft blicken und festhalten, daß die Beamten-Maschinerie als perpetuum mobile zeitgemäße Entwicklungen hin zu mehr Eigenverantwortung und Effektivität behindert, dann paßt es gut, wenn wir unserem letzten Kapitel im Bereich vom »Rat für Globale Regierungen« sogleich den deutschen Physiker und Satiriker **Georg Christoph Lichtenberg**[4] voranstellen und seinen Spruch zitieren, den er im Jahre 1799 in Göttingen verschmitzt von sich gab :

Was die wahre Freiheit
und den wahren Gebrauch derselben
am deutlichsten charakterisiert,
ist der Mißbrauch derselben !

Der *„Mißbrauch"* von *„Freiheit"* geschieht geradezu in jeder Sekunde, das ist nicht widerlegbar, und weil das so ist, trifft die bekannte Forderung *„Vertrauen ist gut - Kontrolle ist besser"* nach wie vor in's Schwarze. »INFORMATION« lautet unser Kapitel und weil in unserer Zeit die Medien tagtäglich die Öffentlichkeit über das tagtägliche Geschehen informieren, sind die Journalisten dazu aufgerufen, die »Kontrolle« verstärkt wahzunehmen, das heißt, wenn sie sich ihrem Berufs-Ethos verbunden fühlen, sind sie sogar dazu verpflichtet die Bürger wahrheitsgetreu zu unterrichten, vor allem über verderbliche Machenschaften ringsum in Politik und Wirtschaft.

Es ist nicht zu vermeiden daß Menschen in Vertrauenspositionen immer wieder ihre Macht mißbrauchen werden, das wissen wir alle, und weil eben Machtmißbrauch vor allem dann erschwert werden kann, wenn die Öffentlichkeit von den Medien über ungerechte und kriminelle Machenschaften unbehindert informiert und aufgeklärt wird, ist die »Pressefreiheit« ohne jede Art von Maulkorb-Zensur ein ganz besonderes Gut, das nicht hoch genug eingeschätzt werden kann. Das Vertrauen in die Inhaber von Macht ist dahin, öffentliche Kontrolle im Interesse der Gemeinschaft ist dringend notwendig, soll der Staat nicht wie ein tollwütiger Elefant alles ringsum zertrampeln.

Auf zehn politische Irrtümer kommen neun,
die darin bestehen,
daß man einfach das noch für wahr hält,

WIR
DIE WIR SIND - WIE WIR SIND
die Menschen auf dem Planeten Erde
haben als Weltbürger erkannt und stellen zur Diskussion
daß ein

RAT FÜR GLOBALE REGIERUNGEN

folgende Aspekte beachten sollte :

Artikel XIV.1

PRESSEFREIHEIT

In der Erkenntnis,
daß die Öffentlichkeit
einen Anspruch darauf hat,
über unlautere Machenschaften der Regierenden
wahrheitsgetreu informiert zu werden,
ist die Pressefreiheit weltweit
gesetzlich und unwiderrufbar festzuschreiben.

was aufgehört hat, wahr zu sein.
Aber der zehnte Irrtum, der der schwerste sein kann,
wird darin bestehen,
nicht mehr für wahr zu halten,
was es trotzdem noch ist !

Wie wahr, was der Professor am Collège der France und Nobelpreisträger von 1927 **Henri Bergson**[3] im Jahre 1934 vorgetragen hat. Und wahr ist auch, daß die Allgemeinheit einen Anspruch darauf hat, wahrheitsgetreu über alle Vorgänge informiert zu werden, welche die Regierenden diskutieren, beschließen und veranlassen. Das Polit-Geschehen muß transparent werden, es darf der *„schwerste .... Irrtum"* einfach nicht vorkommen *„nicht mehr für wahr zu halten, was es trotzdem noch ist"*. Wahrheit zu verbreiten, nichts als die Wahrheit, das ist die vornehmste Aufgabe der Journalisten.

Jede Abstimmung ohne Pressefreiheit
ist durchaus null und nichtig !
Es gibt Axiome
der Redlichkeit, der Ehrlichkeit, der Gerechtigkeit,
wie es Axiome der Geometrie gibt,
und die moralische Wahrheit
steht nicht mehr in der Gewalt einer Abstimmung
als die algebraische.
Der Begriff des Guten und des Bösen
kann nicht
durch die allgemeine Abstimmung aufgelöst werden.
Es steht nicht
in der Macht irgendeiner Wählerschaft,
die Lüge zur Wahrheit
und das Recht zum Unrecht zu stempeln.
Das menschliche Gewissen
ist unabhängig von Stimmzetteln !

Victor Hugo[3], französischer Dichter, Mitglied der Académie und im Panthéon bestattet, ist der Mann, der vorgenannte Zeilen im Jahre 1852 publizierte. *„Das menschliche Gewissen"* ist wahrlich durch nichts zu ersetzen und gewissenhafte Information muß sein, soll der Staat nicht wie ein gelähmter Dinosaurier absterben, Kontrolle muß sein und deshalb formulieren wir einen weiteren »Charta-Artikel« entsprechend kurz und bündig.

-- * --

Gedanken danach
WAS SOLLTEN WIR TUN ?
Heute und nicht erst Morgen

Lieber Mitbewohner unserer Erde

Wir haben uns zu einigen wichtigen Aspekten des Themas »PARTEI-EN« und »REGIERUNGEN« Gedanken darüber gemacht, wie wohl die »Führung« der Welt in allen ihren Regionen beschaffen sein sollte. Zweifellos ein schwieriges Kapitel, das die Menschheit sicherlich von anbeginn ihrer Ankunft auf Erden mehr als genug Anlass zum Grübeln gegeben hat. Regierung heißt bekanntlich Ausübung von Macht und das wird auch so bleiben müssen, die Frage auf die es ankommt, muß also lauten, was können wir, die »Regierten« dafür tun, daß das »Regieren« zukünftig nach den Grundsätzen unserer empfohlenen »Charta Artikel« geschieht.

Schon mehrfach haben wir die bedauerliche Tatsache erörtert : Das Volk ist zwar in einer Demokratie mittels Stimmzettel der »Souverän«, nur hat es »Nichts« zu sagen und könnte es auch nicht, und weil wir »Parteien« ebenso für unfähig halten die »richtigen« Entscheidungen zu treffen, haben wir bereits beschlossen zukünftig nur noch »vertrauenswürdige« Persönlichkeiten an die Macht zu hieven. Soweit, so hoffentlich gut. Und damit aus Hoffnung Zuversicht erwachse, beginnen wir nun, die Mitbewohner unserer Erde zum Mitdenken und zur Mitarbeit aufzurufen. Probleme sind schließlich dazu da, gemeinsam gelöst zu werden.

Wir empfehlen deshalb, daß der
»RAT FÜR GLOBALE REGIERUNGEN«
als sinnvolles Organ der Weltgemeinschaft
zum Wohle der Menschheit geschaffen wird.

Denken wir also darüber nach, was weiter zu tun ist. Der tiefgründige Satz, den der chinesische Moralphilosoph **Fang Hsiao-Ju**[2] um das Jahr 1350 schrieb :

Worte erhalten und stürzen Nationen !

soll uns einen Hinweis geben. Wie wahr ist doch Hsiao-Ju's Erkenntnis, wenn man sich die Reden der politischen Rattenfänger anhört, und genau das ist es, was wir ab sofort zu tun haben, die Reden unserer »Führer« aufmerksam zu verfolgen und zu analysieren. Dazu paßt auch der Spruch von **Goethe**[4] :

Alles Gescheite ist schon gedacht worden !

Also achten wir darauf, was für Geisteskinder »unsere« Gegenwart und Zukunft entscheidend mitbestimmen. Vielleicht ist sogar schon ein Hoffnungsschimmer »des Glaubens und Wollens unserer Zeit« zwischen dunklen Wolken aufgetaucht, dem der indische Denker und Staatsmann **Sawarpalli Radhakrishnan**[2] im Jahre 1952 Ausdruck verlieh, als er niederschrieb :

Ein neuer Humanismus zieht am Horizont herauf.
Doch diesmal
umschließt er die Menschen in ihrer Gesamtheit.
Ein intimes Wissen der Völker voneinander
beginnt das Weltbewußtsein zu bereichern.
Wir können der Tatsache,
Glieder einer Weltgemeinschaft zu sein,
nicht mehr entfliehen !

Unterdessen hat der »Globalismus« volle Fahrt aufgenommen, ja er rast geradezu um die Welt. Wenn es gelingt am Ziel angelangt Weltfrieden, Gerechtigkeit und Solidarität zu verwirklichen, dann wäre die Fahrt der Menschheit auf der Achterbahn des Lebens ohne Absturz verlaufen. Es kann aber auch durchaus geschehen, daß uns das unersättliche Wirtschaftsmonster auf der Geisterbahn in eine schauerliche Finsternis entführt.

Was uns bleibt ? Den Willen zum »vernüftigen Handeln« vehement zu stärken und die Masse, die schließlich unsere Regierungen wählen soll, anzuregen, das »Denken« zum »Volkssport« zu erheben. Die Regierungen der Welt von einer Ansammlung schlauer Füchse und tödlicher Kobras in Versammlungen menschenfreundlicher Wesen zu verwandeln, wird wohl leider trotz aller geforderten Bemühungen ein »Frommer Wunsch« bleiben und gerade deshalb erwarten wir als »WELTBÜRGER«

SACHKENNTNIS, VERNUNFT,
MORAL, MUT, WAHRHEIT, EHRLICHKEIT
vom

»RAT FÜR GLOBALE REGIERUNGEN«

ZUR SICHERUNG UNSER ALLER ZUKUNFT

-- * --

Gedanken zum Abschluß
DAS FALSCHE ALS FALSCH SEHEN
Einsicht in Freiheit

Lieber Mitbewohner unserer Erde

Die Idee ist uns wichtiger als die Wirklichkeit.
Was wir sein sollten, liegt uns mehr am Herzen,
als das, was wir sind !

Dieser Grundgedanke formt den Inhalt des Buches »Ideal und Wirklichkeit« von **Krishnamurti**[7], der im Jahre 1895 in Südindien geboren wurde. Er lebte und lehrte auf drei Kontinenten : Amerika, Europa und Indien, verkündete kein philosophisches Lehrsystem noch eine neue Religion, er konfrontiert seine Hörer und Leser mit den »Grundfragen und Lebensproblemen, wie sie sich jedem Menschen stellen«. *„Was wir sein sollten.."* beschäftigt auch uns, die Menschen auf dem Planeten Erde. Verinnerlichen wir uns also, was uns der Mitbürger und Weltbürger Krishnamurti zu unserem Thema zu sagen hat und zitieren aus seinem Buch das Kapitel :

POLITIK

Hoch oben in den Bergen hatte es den ganzen Tag geregnet. Der Regen fiel nicht sacht und leise, sondern in einem jener rasenden Wolkenbrüche, die alle Wege auswaschen und Bäume an den Hängen entwurzeln. Sie verursachen Erdrutsche und machen aus den kleinsten Rinnsalen reißende Ströme, die nach wenigen Stunden wieder versickern. Ein kleiner, bis auf die Haut durchnäßter Junge spielte in einer seichten Pflütze und hatte kein Ohr für die zornig kreischende Stimme seiner Mutter. Eine Kuh kam uns entgegen, als wir durch den tiefen Schmutz des Weges bergan kletterten. Der Himmel schien seine Schleußen geöffnet zu haben, um das Land unter Wasser zu setzen. Wir waren durch und durch naß und legten ein Kleidungsstück nach dem anderen ab, der Regen prickelte angenehm auf der nackten Haut. Das Haus, nach dem wir strebten, lag noch ein ganzes Stück höher am Berghang, die Stadt breitete sich zu unseren Füßen. Ein starker Wind wehte aus Westen und trieb neue, dunkel drohende Wolkenmassen heran.

Im Zimmer brannte ein Feuer, und eine Anzahl Menschen wartete darauf, mit uns über ihre Angelegenheiten zu diskutieren. Der Regen trommelte gegen die Scheiben, er drang durch alle Ritzen und hatte schon eine große Pfütze auf dem Fußboden gebildet. Das Wasser troff sogar durch den Schornstein herab und ließ das Feuer immer wieder zischend aufsprühen.

131

Er war ein berühmter Staatsmann von sachlicher, betont aufrichtiger Wesensart. Sein Leitmotiv war glühende Vaterlandsliebe, Engstirnigkeit und Geltungsbedürfnis waren ihm fremd. Sein Ehrgeiz galt nicht der eigenen Person, sondern allein seiner großen Sache und seinem Volk. Er war also alles andere als ein beredter Schaumschläger oder Stimmenfänger, seine Überzeugung hatte ihm schon manches Leid eingetragen, dennoch war ihm erstaunlicherweise alle Bitterkeit fremd. Eigentlich hätte man eher einen Gelehrten als einen Politiker in ihm vermutet, aber Politik war seine Lebensluft, und seine Partei hielt ihm die Treue, obwohl er sie zuweilen hart auf die Probe stellte. Im Grunde seines Wesens war er ein Träumer, aber auch diese Neigung hatte er seiner Politik zum Opfer gebracht.

Sein Freund, der führende Wirtschaftler des Landes, war ebenfalls anwesend. Er hatte ein verwickeltes System zur Verteilung gewaltiger Staatseinkünfte ausgearbeitet und schien mit den wirtschaftlichen Grundsätzen der Rechten und der Linken gleich vertraut zu sein. Er wollte die Menschheit aus ihrer wirtschaftlichen Misere retten und hatte darüber seine eigenen Vorstellungen und entsprechenden Theorien zur Hand. Die Worte flossen ihm leicht von den Lippen, er war nie um den Ausdruck seiner Gedanken verlegen. Die beiden Männer waren es gewohnt, zu gewaltigen Menschenmassen zu sprechen.

Fällt es nicht immer wieder auf, wieviel Raum unsere Zeitungen und Zeitschriften der Politik einräumen, wie ausführlich sie jede Äußerung, jede Handlung eines Politikers wiedergeben ? Natürlich werden auch andere Nachrichten gebracht, aber die Politik genießt immer den Vorrang. Darin drückt sich die alles überragende Bedeutung aus, die Politik und Wirtschaft für unser Leben gewonnen haben. Die Außenseite des Daseins - Lebensstandard, Geld, Stellung, Macht - scheint unser Denken voll in Anspruch zu nehmen und unser Tun und Lassen zu bestimmen. Alle Äußerlichkeit - der Titel, das Gewand, der Salut, die Flagge gewann für die Menschen mehr und mehr an Bedeutung, und darüber wurde das Lebens in seiner Ganzheit entweder vergessen oder bewußt aus dem Blickfeld gerückt.

Es ist ja so viel leichter, sich in politische oder soziale Arbeit zu stürzen, als dieses unser Leben in seiner Totalität wirklich zu begreifen. Der Anschluß an organisiertes Denken, an politische oder religiöse Bestrebungen bietet die beste Gelegenheit, der kleinlichen Plackerei des Alltags zu entgehen und sich obendrein der Achtung der Mitwelt zu versichern. Hast du erst deinen Platz gefunden, so kannst du mit kleinem Herzen getrost von großen Dingen reden und die umschwärmten Volkstribunen zitieren, dein eigener seichter Verstand verbirgt sich mit Erfolg hinter glatten Phrasen über weltweite Probleme, und seine innere Unrast findet endlich Befriedigung, wenn dich das Glück dazu ausersieht, die Ideologie einer neuen oder alten Religion zu predigen und dafür noch den Beifall der Öffentlichkeit einzuheimsen.

Politik hat mit Ursachen nichts zu tun, sie besteht im Ausgleich einander widerstrebender Wirkungen, und da überhaupt die meisten Menschen ständig

nur mit Wirkungen zu schaffen haben, hat alles Äußere so große Bedeutung für sie. Sie hoffen sogar, Ordnung und Frieden in der Welt zu schaffen, indem sie mit Wirkungen operieren, aber leider ist das so einfach nicht zu machen. Das Leben ist ein unteilbares Ganzes, das Innen und Außen umfaßt. Das Außen hat ohne Zweifel Einfluß auf das Innen, aber das Innen behält unweigerlich über das Außen die Oberhand. Was du innerlich bist, das bringst du nach außen zur Geltung. Außen und Innen können nicht getrennt und jedes für sich luftdicht eingeschlossen werden, sie wirken vielmehr ständig aufeinander ein - aber das innere Begehren mit seinen verborgenen Motiven und Tendenzen ist immer das stärkere. Leben ist nicht nur politisches und wirtschaftliches Geschehen, es ist mehr als dieses äußere Schauspiel, so wie der Baum mehr ist als seine Äste und Blätter. Leben ist ein umfassendes Geschehen, dessen Schönheit nur in der Zusammenschau entdeckt werden kann. An der Oberfläche politischer und wirtschaftlicher Auseinandersetzungen ist diese Zusammenschau nicht möglich, sie kann nur dem gelingen, der außerhalb aller Ursachen und Wirkungen steht.

Weil wir ständig mit Ursachen und Wirkungen spielen und - außer mit Worten - nie darüber hinauskommen, darum ist unser Leben so leer und bedeutungslos. Darum sind wir zu Sklaven politischer Leidenschaften und religiöser Schwärmerei geworden. Wir dürfen nur auf Erlösung aus diesem Zustand hoffen, wenn wir zur Zusammenschau der verschiedenen Abläufe gelangen, die als Ganzes unser Leben ausmachen, Eine Ideologie, ein politischer oder religiöser Führer kann uns nie zu dieser Zusammenschau verhelfen, sondern nur ein wacher, aufgeschlossener Sinn, der in die Weite und in die Tiefe dringt. Damit müssen wir vor allem die tieferen Schichten unseres Bewußtseins erschließen und dürfeen uns nicht mit dem begnügen, was und seine Oberfläche kundgibt.

Es ist an sich genug, das Falsche als falsch zu sehen;
denn diese Erkenntnis
wird unseren Sinn von dem Falschen befreien !

Diesen Spruch stellte Krishnamurti an den Anfang seines Buches. Also versuchen auch wir, das »Richtige« zu erkennen, in der Hoffnung notwendige »Einsicht« zu gewinnen.

-- * --

WIR
DIE WIR SIND - WIE WIR SIND
die Menschen auf dem Planeten Erde

Wir müssen erkennen
daß wir nicht allein auf unsere Erde geboren worden sind,
daß jeder Mensch das Recht hat in unserer Welt frei zu leben,
daß wir nur in der globalen Gemeinschaft überleben können.

Wir müssen lernen,
daß es nur mit unserer Einsicht, mit unserer Hilfe,
mit unserer Pflichterfüllung, mit unserer Friedfertigkeit,
mit unserer Menschlichkeit möglich ist, in unserer

EINEN GEMEINSAMEN WELT

Frieden und Sicherheit, Menschenrechte, Menschenpflichten
und Menschenwürde, Gleichberechtigung und Solidarität,
soziale Geborgenheit und Lebensqualität,
zu verwirklichen.

Wir müssen begreifen, daß alle Menschen
nur in einer gesunden Umwelt am Leben bleiben können,
daß wir allen anderen Mitlebewesen der Flora und Fauna auf Erden,
das Recht auf ihr Dasein zugestehen müssen,
weil auch sie zu unserem Überleben beitragen,
daß jeder Mensch seine eigene Kultur und Sprache
zum Wohlbefinden braucht,
daß es nur mit unserer Mitverantwortung,
die keiner ablehen kann oder verdrängen darf,
möglich ist,
die natürliche Umwelt, in der und von der wir leben,
die Fülle andersartiger Organismen auf Erden
und die vielfältigen Kulturen der Menschheit,
zu erhalten.

Wir alle sind
»WELTBÜRGER«
also packen wir's an
Vision in Realität
zu verwandeln.
wirken wir gemeinsam als

»World Citizen Movement«

Anmerkungen

1 Zitate aus >Weisheiten der Welt - Altertum und Jüdische Geisteswelt<
Alfred Grunow (Hrsg.), Augsburg 1994

2 Zitate aus >Weisheiten der Welt - Vorderer Orient, Indien und Ferner
Osten< Alfred Grunow (Hrsg.), Augsburg 1994

3 Zitate aus >Weisheiten der Welt - Europa und Neue Welt<
Alfred Grunow (Hrsg.), Augsburg 1994

4 Zitate aus >Weisheiten der Welt - Deutsche Dichter und Denker<
Alfred Grunow (Hrsg.), Augsburg 1994

5 Vgl. hierzu Nikolaus Wiedemann >Programmierte Krisen<
Bergisch-Gladbach 1994

6 Vgl. hierzu Ulrich Wickert >Der Ehrliche ist der Dumme - Über den
Verlust der Werte< Hamburg 1994

7 Vgl. hierzu J. Krishnamurti >Ideal und Wirklichkeit - Gedanken zum
Leben< Bern

8 Vgl. hierzu Hermann Weber >Vom Völkerbund zu den Vereinten
Nationen< Bonn 1987

9 Vgl. hierzu Kurt von Raumer >Friede. Friedensrufe und Friedenspläne
seit der Renaissance< Freiburg und München 1953

10 Vgl. hierzu Hans-Jürgen Schlochauer >Die Jahre des ewigen Friedens.
Ein Überblick über Entwicklung und Gestaltung des Friedenssiche-
rungsgedankens auf der Grundlage einer Quellenauswahl< Bonn 1953

11 Vgl. hierzu Margarete Rothbarth (Hrsg.) >William Penns Völkerbund-
plan< Berlin 1920

12 Vgl. hierzu Zwi Batscha und Richard Saage (Hrsg.) >Friedensutopien
Kant, Fichte, Schleger, Görres< Frankfurt 1979

13 Vgl. hierzu Dieter Riesenberger >Geschichte der Friedensbewegung
in Deutschland. Von den Anfängen bis 1933< Göttingen 1985

14 Vgl. hierzu Hilmar Werner Schlüter >Diplomatie der Versöhnung. Die
Vereinten Nationen und die Wahrung des Weltfriedens< Stuttgart 1966

15 Vgl. hierzu Hartmut Krüger, >Die Charta der Vereinten Nationen und
das Statut des internationalen Gerichtshofs< Stuttgart 1975

16 Vgl. hierzu Günther Unser >Die UNO. Aufgaben und Strukturen der
Vereinten Nationen< München 1988